文化論政
Culture Forum

保育不在

編著： 丁穎茵 @文化論政編輯委員會

文化在日常
的願景

小 西
@文化論政編輯委員會

2012 年特首選舉前夕，多位候選人都曾把成立文化局列入政綱，於是我們一班文化界關心本地文化政策與文化發展的朋友，除了成立「文化界聯席 2.0」外，還在《信報》論壇版爭取開設了一個叫「文化論政」的專欄。專欄開欄至今，已累積了約五百多篇文章，各方作者雲集，（一）論廣義文化政策；（二）從文化角度討論其他政策；（三）也談論文化現象與文化政治。專欄問世至今，在文化界與公民社會都有一定影響力。為了加深專欄的影響力，早在 2017 年，我們已打算把文章結集，編成選集。

我們相信，本地文化發展是長遠的事，而香港的整體發展也需要文化的角度。所以文集內容實有別於傳統文化政策討論。我們相信，正如「文化論政」專欄多年以來的內容所示，文化不止是藝術，更是與日常，是生活願景之表達，而「文化權利」更是美好人生以至健康的公民社會所賴以為生的基礎。因此，我們相信本文集在視野與內容上都有一定的突破與前瞻性。

但 2017 年以來，世界天翻地覆，加上當年編輯團隊成員各有各忙，出版文集也就一拖再拖。無可否認，過去三年時局急劇變化，更令過去的部分分析不一定能完全跟上形勢，甚至是否能繼續暢所欲言地「文化論政」，也不再是理所當然。不過我們相信，就算世情變化再大，萬變中仍有不變，在波譎雲詭的現在與未來，我們仍然可找到由過去延續至今的種種迴路和軌跡。這是文集計劃重新出發的理由。況且，「重要的事要說三次」，至於非常重要的事情，我們更需要不斷的說下去，透過一種擴充了的文化評論的形式（我姑且稱之為文化評論@ 2.0），將其背後的種種文化願景持續擴散開去，成就香港文化界與公民社會下一輪發展的黃金盛世。

不過，時移世易，當年文集的編輯理念與編排，不一定再適用於當下，加上跟 dirty press 的出版團隊多番商議後，除了重新肯定計劃在這個時空出版的意義外，我們發現要尋找更吻合當今讀者需要的主題與形式，於是敲定就著特定主題，從「文化論政」專欄過去眾多精采評論中，精心挑選相關文章，獨立成冊，既針對一直關心該議題發展的長期讀者，同時也為對該議題感興趣的初哥提供敲門磚。

「文化論政叢書」將以系列小書的形式，透過短小精幹的篇幅，深入淺出地介紹與分析特定的文化政治與政策主題。第一批叢

書暫擬包括「文化保育」、「流行文化＋」、「文化經濟」、「城市的空間政治」、「文化在行動」、「文化政策與文化權利」等主題，編者大多是該領域的長期關注者，透過編彙與主題相關的文章，他們為讀者整理該一主題的來龍去脈，既為本土知識的生產與累積盡點綿力，也希望為本土文化發展提供藍圖，奔向未來。

過去二十五年，本土熱潮方興未艾，有關本土文化的出版更是汗牛充棟。就此而言，本叢書無疑是立足本土的。支撐著本土熱潮的，無疑是百味紛陳的集體情緒，尤其在這變動不居的巨變年代。但跟懷戀香港黃金歲月的本土追尋不同，本叢書的編者與作者更多懷著一顆「不知的心」，把「本土」看成一則尚待破解的公案。但正如大部分的公案，何謂「本土」，從來就沒有絕對的答案。但透過參這則公案，人們往往能突破既有想法，大徹大悟，見山不是山，最後又見山仍是山。

2023 年 5 月

保育不在山旮旯

丁穎茵
@文化論政編輯委員會

撇開冠冕堂皇的專業名詞，文化保育不就是一處地方、一個社群如何保留過去的經歷，期待過去所珍視的東西得以流傳下來？

可是，香港是一座健忘的城市，我們不談過去，只顧著眼前、追逐著更繁榮更亮麗的未來。我們拆毀天星及皇后碼頭，順帶埋沒前人在這片公共空間爭取民權的往事。我們拆毀了九龍東工業大廈群，也一併抹去香港工業起飛的歷史以及工廠工人的汗與淚。我們保留了上海街若干唐樓，但完整保留的只有兩幢，泰半建築只留下騎樓立面。今天唐樓活化為販售懷舊情調的商場，舊區舊建築與老住客的故事悄然被掏空。十年、三十年後，幾代人在此地所感受的悲喜休戚、與這地方同歷風雨的記憶，又有什麼憑藉讓人記得起？

莎士比亞曾經寫下一齣有關記憶無從考究的悲劇。話說哈姆雷特王子在墳場看到一顆又臭又爛的頭骨，卻赫然發現骷髏竟然是言談風趣、無數次把自己抱在肩上的朝臣約利克。可是，看著腐朽的骸骨，王子只感到噁心，再也無法喚起兩人相處的記憶。儘管遺骸得以保留，但種種與此相關的記憶卻七零八落，再也拼湊不出意義。我們又是為了什麼保留著「殘骸」呢？

我們的疑惑同樣困擾著哈姆雷特。前些時候，他看見了父親的鬼魂訴說著王弟弒君篡位的過去，並再三要求他記著這段血染的歷史，彷彿保留著記憶就足以成為當下行動的憑據，繼而在未來彌補過去的遺憾。然而，鬼魂只現身於對他有所憶念的人面前。對於蓄意埋沒過去的新任國王、渾然忘卻舊事的王后來說，鬼魂不過是哈姆雷特的臆想。這樣的過去私密又無垠，其他群體根本無從知悉其中內涵，更遑論建構其意義與價值。正因如此，王子既質疑鬼魂的言說，又不禁沉浸於懷戀過去的傷痛，卻始終沒有什麼行動。

誰也不想過去失落得如鬼魂，曾經雄姿英發的英雄如今卻無以言；更不想讓古物古蹟散佚成了無生氣的殘骸。鬼魂與骸骨的窘困告誡我們：文化保育不單思考如何保留過去，也必須明瞭它如何縈繞著今天 —— 如何與當下互動，引申出回應時代的意義。哈姆雷特想起即使亞歷山大帝的英雄事蹟早已灰飛煙滅，

但文物文獻、歷史書寫與紀念碑卻一直流傳著他的故事，由此樹立起立身處世的理想範式、生而為人的價值與意義。藉由保育亞歷山大帝的古蹟，不同群體收藏著相關的回憶，過去與現在因而得以連接成延綿不斷的時間鏈，觸發世世代代思考其人其事於時代的意義。

從《信報》文化論政的專欄選輯有關文化保育的文章，編輯團隊期望回顧過去作者群對這一課題的思考，與讀者一起追問本地大小保育計劃的成與敗。本書各篇提出了不同方向審視本地文化保育的諸般可行方向，反思社會不同群體如何建構有關香港文化保育的論述、又如何將之實落到具體計劃的執行。向後回望旨在累積香港與其他地方的經驗，也嘗試跳出體制的框限發掘保育的新可能。

文化保育不在山旮旯，就在乎我們如何檢視自己的經驗、家族的回憶、日常生活的物事、又或社區地標等，加以整理、保存以至將之一直流傳下去。每一次對本土古物古蹟以至文化技藝傳承的探問，也是社會不同群體重構自身歷史論述的嘗試。團隊期待諸般嘗試將令我們更明瞭自己是誰、說得清個人與群體的牽繫，從而想像「香港人」這一群體選擇珍惜什麼、又為後代保留些什麼。

文化保育大事紀

1964

《國際文化紀念物與歷史場所維護與修復憲章》
(*International Charter for the Conservation and Restoration of Monuments and Sites*)

國際古蹟遺址理事會就如何維護古物古跡的真實性展開深入討論，提出了種種維護與修復方式的規範，訂定《威尼斯憲章》。至今不少國家的歷史文物與建築保護法則依然借鑑《威尼斯憲章》。憲章第一條即開宗明義的澄清「文化紀念物」(monument) 不只是單幢建築，更包括建築物所位處的環境，不論市區或鄉郊亦然。其保存的概念不單關注偉大的藝術作品，也同樣顧及毫不起眼的歷史文物。

1976

古物諮詢委員會

古物諮詢委員會是法定組織，成員來自社會各界，負責就任何與古物或古蹟有關的事宜向古物事務監督（自 2007 年起為發展局局長）提供意見。

1976

古物古蹟辦事處

古物古蹟辦事處是古物的行政機構，亦為古物會提供秘書處服務及（其工作在於研究、審查何具歷史、考古或古生的地點、建築或構築物記錄及編整相關資料，事處亦策劃展覽、導覽坊及文物徑等教育計劃眾對本地古物古蹟的關

1939

《城市規劃條例》

現行的《城市規劃條例》並沒有就保護法定古蹟、歷史建築物、具考古研究價值地點和其他文物訂立條文。

不過，規劃署會參考政府有關文物保育的資料，在法定圖則的《說明書》引述法定和暫定古蹟、已評級歷史建築物及具考古研究價值地點有關的資料，並標明任何發展建議，若對相關古蹟及鄰近地區做成影響，必須徵詢古物古蹟辦事處的意見。

1971

《古物及古蹟條例草案》

條例旨在管制本地考古發現，保存具歷史價值的地點或文物。舉凡主管當局認為任何地方、建築物、地點或構築物具備歷史、考古或古生物學意義，又符合公眾利益，可徵詢委員會的意見，並獲行政長官批准後，於憲報公告該處為古蹟。

1979

《澳洲國際古蹟遺址理會維
(*The Burra Charter: The Austr
of Cultural Significance*)

鑑於《威尼斯憲章》以歐洲1
際古蹟遺址理事會認為其準
求，因此修訂《布拉憲章》。
部分，又提供各種實務操作
方」的觀點檢視文化遺產，引
從其文化語境、周圍環境、
與物件等不同切入點考察，
文化遺產與在地文化的關係
求文化遺產的詮釋包容當地
理亦得到社群的支持。

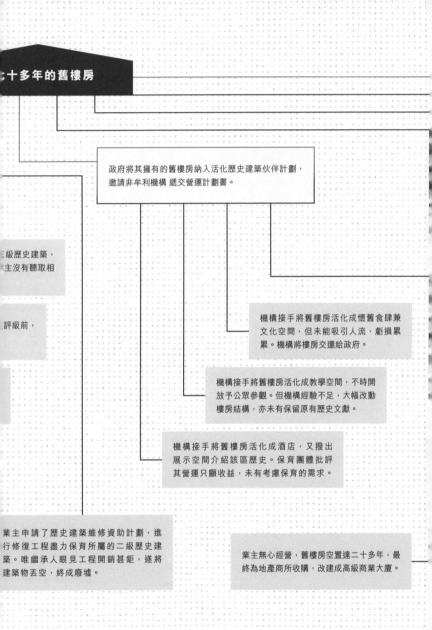

十多年的舊樓房

政府將其擁有的舊樓房納入活化歷史建築伙伴計劃，邀請非牟利機構 遞交營運計劃書。

二級歷史建築，
主沒有聽取相

評級前，

機構接手將舊樓房活化成懷舊食肆兼文化空間，但未能吸引人流，虧損累累。機構將樓房交還給政府。

機構接手將舊樓房活化成教學空間，不時開放予公眾參觀。但機構經驗不足，大幅改動樓房結構，亦未有保留原有歷史文獻。

機構接手將舊樓房活化成酒店，又撥出展示空間介紹該區歷史。保育團體批評其營運只顧收益，未有考慮保育的需求。

業主申請了歷史建築維修資助計劃，進行修復工程盡力保育所屬的二級歷史建築。唯繼承人眼見工程開銷甚鉅，遂將建築物丟空，終成廢墟。

業主無心經營，舊樓房空置達二十多年，最終為地產商所收購，改建成高級商業大廈。

06
香非物質文化遺產代表作名錄

港政府著手籌畫本地非物質文化遺產普查工作，
成立非物質文化遺產諮詢委員會，就相關保育
直向政府提供意見。2009 年，香港科技大學華
研中心獲聘進行普查，並於 2013 年，呈交
約包羅 480 多項非物質文化遺產的草擬清單，
來由政府商議，將其中若干項目，如南音、宗
春秋二祭、港式奶茶製作技藝等列入本地代表
名錄。

2016
保育歷史建築諮詢委員會

諮詢委員會來自不同專業界別，包括建築、歷史
研究、社會企業、財經及社區藝術文化等，負
責就保育歷史建築基金的運作向政府提供意見。
其職責包括審轄活化歷史建築伙伴計劃的申請、
監察現行的活化歷史建築伙伴計劃及歷史建築
維修資助計劃。此外，成員亦會就公眾參與項
目及主題研究兩項資助計劃提供建議。

物質文化遺產公約》
(invention for the Safeguarding of the
e Cultural Heritage)

教科文組織通過《公約》，提出保育
實行措施保存人類非物質文化遺產。
物質文化遺產旨在使其承傳有緒而不
代洪流所淹沒。保育措施包括：確定
之遺產的內容及價值、設立檔案收集
科及文物加以研究及修復，並透過正
在規教育加以推廣、宣傳及培訓，盡
力相關社群振興其文化遺產。

2008
文物保育專員辦事處

辦事處負責向發展局局長提供
支援，以便推行文物保育政策。
其工作包括推動「活化歷史建築
伙伴計劃」，向成功申請的機構
提供資助，務使歷史建築得以
保存，並加以活化利用，為社
區創造就業機會。

一幢舊樓房 N 種際遇

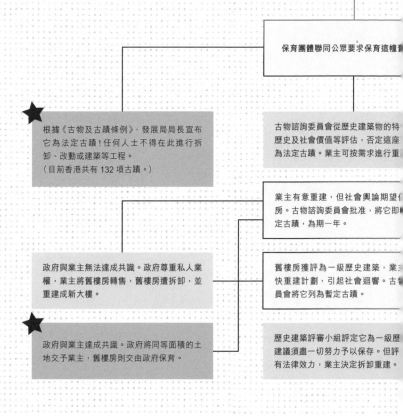

保育團體聯同公眾要求保育這幢舊

根據《古物及古蹟條例》，發展局局長宣布它為法定古蹟！任何人士不得在此進行拆卸、改動或建築等工程。
（目前香港共有 132 項古蹟。）

古物諮詢委員會從歷史建築物的特
歷史及社會價值等評估，否定這座
為法定古蹟。業主可按需求進行重

業主有意重建，但社會輿論期望保
房。古物諮詢委員會批准，將它即
定古蹟，為期一年。

政府與業主無法達成共識。政府尊重私人業權，業主將舊樓房轉售，舊樓房遭拆卸，並重建成新大樓。

舊樓房獲評為一級歷史建築，業主
快重建計劃，引起社會迴響。古物
員會將它列為暫定古蹟。

政府與業主達成共識。政府將同等面積的土地交予業主，舊樓房則交由政府保育。

歷史建築評審小組評定它為一級歷
建議須盡一切努力予以保存。但評
有法律效力，業主決定拆卸重建。

目前，古物古蹟辦事挑選了 432 幢文物價值較高的建築物，進行更調查。這座舊樓房即為其中之一。

歷史建築評審小組評定它為三
建議以某種形式予以保存。業
關建議，決定拆卸重建。

為配合該地區發展計劃，舊建築獲
已遭業主清拆。

業主有意修復所屬的三級歷史建築，但舊式
建築技術失傳，修復失當，導致木建築白蟻
橫行，無法保存。

歷史建築評審小組評定它為二級歷史建築，
建議須有選擇性地予以保存的建築物。但多
年來，用戶曾先後拆除部份構件，內部結構
早已面目全非。

業主向城規會提交重建計劃，以「寓保育於
發展」的概念，保留一級歷史建築，並改建
成歷史紀念館，但申請放寬地積比率、總樓
面及建築物高度限制，興建私人屋苑。

建築！

色、它的
建築物列
建！

保留舊樓
待列為暫

主有意加
物諮詢委

史建築，
級制度沒

事務監督
諮詢委員
政支援。
和保存任
物學意義
，並予以
此外，辦
團、工作
，喚起公
注。

法例作出修訂，把「古蹟」分成「古蹟」、「歷史建築物」及「考古或古生物地點或構築物」，及引入「暫定古蹟」的新程序，使具有歷史、考古或古生物學意義的建築物或地方得到臨時保護，以待當局詳細考慮是否宣布為古蹟。

2000
《中國文物古蹟保護準則》
(Principles for the Conservation of Heritage Sites in China)

不同地域的氣候環境有別、而古物古蹟所用的材料亦不盡相同，保育準則必須因地制宜。如歐洲保育規例大多忌諱採用「仿製復原」方式修復建築。但中式木建築與歐洲磚石建築大為不同，木材在潮濕的環境保存不易，故以仿製取代原本材料是可以容許的。

國際古蹟遺址理事會中國國家委員會就提出了詳細的規章，列明不同材質物料的保育方式，如木構建、壁畫彩繪等。這份規章對於香港文物古蹟維護而言，尤為適切。

20
香

香
又
事
南
一
再
族
作

護地方文化價值憲章》
alia ICOMOS Charter for Places

物古蹟的保存為重心，澳洲國
則未有顧及其他文化的保育需
憲章分為釋義、原則及過程三
南。憲章第一條即提出以「地
調文化遺產的在地脈絡，必須
應用、意義、紀錄、相關地點
並予以維護。此外，憲章重視
，主張社群參與保育過程，務
人的聲音，以至日後維護與管

1998
《環境影響評估條例》

條例規定所有指定工程項目均須進行環境影響評估研究，並且按需要就文化遺產地點進行評估。此外，工程項目亦必須執行環境影響評估研究所提出的緩解措施，務求減低工程對有關文化遺產地點造成的影響。

2001
市區重建局

市區重建局是取代土地發展公司而成立的法定機構，其職責包括重建發展、樓宇復修、舊區活化及文物保育等，旨在推動都市更生。進行重建計劃時，市建局亦有責任保存區內具有歷史、文化或建築價值的樓宇。

2003
《保護非
*(The Co
Intangib*

聯合國
原則及
保存非
致為時
特定文
相關資
規及非
可能協

市區重建局提出發展規劃，因舊樓房的歷史價值而予以活化保育。

★ 機構接手將舊樓房活化成社區文化中心，又與街坊合辦地區歷史導賞團及社區考察工作坊。經營不易，但獲慈善基金資助，堅持文化傳承。

鑑於歷史名人與舊樓房一帶的關係，市建局決定將樓房拆卸，保留部分空地改建成紀念公園。

市建局與地產商合力將舊樓房發展成懷舊商場，遭保育團體批評破壞樓房的歷史價值。

整個地區納入重建計劃，舊樓房遭強拍，重建成 50 層住宅大樓。

市建局將舊樓房活化成餐飲消閒空間，小商戶被迫遷出舊址，生計大受影響。

經歷任業主與租客改動，歷史痕跡已然埋沒，難以評估其歷史價值。

目錄

第一部分
香港的《古物及古蹟條例》「爛」在哪裡？

第二部分
活化的是古蹟？還是古蹟所承載的意義？

第 一 部 分

香港的《古物及古蹟條例》
「爛」在哪裡？

文化保育並不限於歷史建築，然而，不論是有形或無形的文化遺產，香港均未制定一套全面的文化保育政策加以保存，不少有關文化保育的爭議大多聚焦於保存個別歷史建築，甚少由特定建築物擴及其與所在社區的關係。論者更認為《古物及古蹟條例》和相關政策千瘡百孔，政府負責古物古蹟的部門及諮詢委員會之間權責不清，再加上修復歷史建築的條例受制於現今鋼根水泥的建築物條例，並未顧及如何展現古蹟的原貌以及其施工年代的需求。千瘡百孔的古蹟保育政策將歷史建築分成三等，一級歷史建築的價值尤其重要，必須盡力保存，其下評級的重要性遞減，獲評為三級的建築只屬於「具若干價值」，應以某種形式加以保存。如此分等評核僅僅說明歷史建築是否必須保存，卻不談修復、維護又或活化等保存方式的細則，更未曾就如何評定古舊建築的價值展開討論。

第一部分所收錄的文章略加檢視香港《古物及古蹟條例》的缺失，亦就當年有關沙中線、摩星嶺白屋、中環街市等爭議，探討古蹟保育的方式、管理以及其與當區社群的關係。究竟何謂歷史建築的原貌？古蹟保育保留了誰的歷史論述？舊建築又如何與現今社群互動，延伸其時代意義？目前政策未克回應這些問題，但關心本地文化保育的我們卻必須不斷思考，以期推動政策的轉變。

香港「古蹟」點算好

原刊於《信報》A17 文化論政專欄，刊登日期：2014-06-09。

梁 偉 詩

這陣子，香港古蹟特別多，搶盡報章版面。這邊廂，沙中線古蹟越掘越多，宋井城蹟天天出土；那邊廂，活化為「元創方」的荷里活道前已婚警察宿舍暨前皇仁書院已投入服務，成為港島區的標誌性創意文化中心。正是「同人唔同命、同遮唔同柄」。

同是有歷史故事的古蹟，所得到的待遇卻差之毫釐、謬之千里。有學者指出，沙中線古蹟事件中，政府一直抱著見鬼斬鬼、遇佛殺佛的「先破壞、後發展」原則，堂而皇之上演「古蹟恐怖主義」（heritage terrorism）。先別論是否把遺蹟原址保育，要當局正視處理

> **古蹟保育政策（Heritage Preservation Policy）**
>
> 從文化遺產研究的角度而言，保育政策關乎如何訂定古蹟的價值、誰可以參與規劃文化保育、政府又設立什麼機制執行相關的決定。然而，保育政策不僅是一套法律條文與專業守則，更涉及政策的理念與宗旨、以及其如何回應社會大眾（包括專家學者、保育團體、當地社群等不同持份者）對保護當地文化遺產的訴求。文化保育影響民眾對過去的認識，也塑造了大眾的身份認同與他們對地方的歸屬感，各地保育政策也加入了公眾參與的規例。

亦看似雞同鴨講。至於「元創方」的前身為 1862 年在荷里活道北的歌賦街中央書院（今皇仁書院），1884 年國父孫中山先生曾於該校就讀，單從古蹟的「古」而言，雖云宋井城蹟年代久遠於近代建築，可是，兩者所得到的冷處理和熱追捧，實在令人覺得精神分裂，幾疑置身於平行時空。

然而，表面上看似南轅北轍的古物古蹟待遇，背後邏輯卻是一致的。高速發展作為城市都會的前提，創建交通網絡系統，自是

PMQ 元創方，前身為荷里活路已婚警察宿舍，2010 年被列為香港三級歷史建築物，經活化後於 2014 年改為創意中心。網上圖片由維基百科用戶 Elaomelums 所攝，攝於 2014 年 5 月。

優先處理。文創產業又是文化大都會的軟實力，在將來中區警署等逐一規劃為港島藝文基地之前，鴨巴甸街與荷里活道交界的「元創方」，赫然便是該區文化大插旗的橋頭堡。

眾多亞洲城市當中，香港縱有所謂《古物及古蹟條例》聊備一格，整體來說可算是對古蹟最手足無措的「文化大都會」。觀乎近月不少港人均盤算移民的台南，其生活及創業成本低固然吸引，更重要的是，台南示範了大中華世界中醇厚的人文價值和社會氛圍。如果說羅馬是歐洲的露天博物館，台南也可謂是台灣的露天歷史博物館，明鄭時期、日治時代的建築遺蹟雜然紛陳，其中最為香港文學愛好者津津樂道的國立台灣文學館，便是國定古蹟「台南州廳」，落成於 1916 年，屬西洋歷史建築式樣。

作為日治時期管轄的衙署、戰後的空軍供應司令部及台南市政府的原「台南州廳」，現時館內不但常設「舊建築新生命」建築展，更把有關的設計資料、大事記、建築美學深入研究發表。毗鄰的葉石濤文學紀念館，前身更是建於 1925 年的台灣總督府殖產部成立的林務課辦事處。台南市政府乾脆把該區域內的有關古蹟，以湯德章紀念公園（前名大正公園）為圓心，整體以「府城文學地圖」為保育概念，與不遠的孔廟、府中街等「孔廟文化園區」遙相呼應。

至於自荷蘭人殖民統治以來，專司貨物進出的「德記洋行」（已整修為「台灣開拓史料蠟像館」）旁的安平樹屋，更專門委託劉國滄＋張瑪龍建築師事務所，以最低的施工量，讓樹屋能夠持續生命狀態，來表達現在的人與過去的牆之間的時間距離，以空間形式來創造歷史感，整體呈現「樹以牆為幹，屋以葉為瓦」的核心情志。當代的「古蹟活化」原不拘於古蹟在時間上有多「古」，或在古蹟內究竟發生過有多轟轟烈烈的歷史事件。一切往往取決於保育政策、城市自我定位，以及直面歷史整理過去的決心、眼光和視野。想當然的是，古蹟可以活化，自然也可以產業化，較諸台南，台北就有大大小小的高招和點子。

台北松山文化創意園區的誠品生活松菸店於去年8月中開幕。「松山」矚目之處，在於它設計為集合文創商場、書店、藝術電影、表演廳、酒店於一身的文化區。該區原為日治時期的松山煙廠，建於1937年，2001年由台北市政府指定為第99處市定古蹟。2011年，第十三屆台北藝術節以「松山」為主場，主力開拓和宣介「松山」為嶄新的藝術空間，安排大部分演出和重點多媒體展覽在松山進行，藉此帶動藝術人口對「松山」的認識，確立第二個位於台北市中心的藝文創意基地的位置。同年10月，更於「松山」舉行台北世界設計大展，展示「以古董硬件盛載前衛藝術」走向國際化的決心，使得足有「華山」兩倍

之大的「松山」，在「華山」越見小資的走向下，全面發展成熟後將與規劃中的「大巨蛋」並肩作戰。

大有大搞，小有小趣。台北車站不遠的大稻埕，原為一大片曬穀廣場而得名，埕為台語「空曠之地」的意思。自清末至日據期間，大稻埕的經濟、社會及文化活動頻繁。至今每年以「年貨大街」聞名全台的迪化街，就是大稻埕的一部分，迪化街至今依然維持大量老店販售南北貨、布疋和中藥材，可謂是一種「活古蹟」。當中幾棟分別為閩南式店舖及巴洛克式裝飾建築，重新裝潢推出，納入手作、慢活、創意的「小清新」文創基地，與傳統布行、日治時代遺留下來的郵局等斑駁混雜（hybrid）。

回到篇首要談的，究竟香港「古蹟」點算好。為文之日，香港「古物古蹟辦事處」已發表《有關沙中線土瓜灣站的考古工作概要》，並圈定「環境評估報告所建議的考古調查及發掘範圍」，指出除了一口宋代方形石井的保存情況良好，已原址保留，其他遺蹟包括耕作遺蹟、墓葬、石井、建築遺存已受到相當程度的擾亂。另一方面，「元創方」卻滿心歡喜期待 1600 隻紙熊貓大駕光臨。由此可見，自詡為「創意之都」的香港，其實不大關心本土文化創意產業的發展，只希望把「創意」包裝成可吸引國際視線的景觀，當中的運作邏輯活脫脫就是中環價值的延伸。把「本土」（「元創方」）以保育和活化之名重新包裝，再將之

向「全球」推售。「品牌」（branding）與將中西混化（blending），把本土與全球變成有自己特色而且活力的「全球本土」（glocalisation）。那麼，土瓜灣古井宋城想要原址保育，或許要等政府一錘定音，將之發展為歌影視古裝街？

全球本土（Glocalisation）

1990 年代初，社會學者 Roland Robertson 認為有關全球化的討論過於著重全球網絡，如跨地域的貿易物流、人口流動與文化傳播等，對一地社會文化的蠶食。他提出全球本土的概念，強調全球化落實到地方的過程同樣是全球元素與當地文化互為影響，亦即全球資訊、技術、思想、資本與人才必須回應地方本身的發展需求方能發揮影響，並且促成不同地區的資源整合與分工。他更進一步指出，本土文化亦可以依從全球網絡向世界各地推展，在本地以外尋找機遇，藉以消解本土文化認同的危機。

扭曲的古蹟保育

原刊於《信報》A17 文化論政專欄，
刊登日期：2015-02-16。

袁 智 仁

生活質素與身份認同，成為公民社會近年的核心價值；不論古蹟或社區，從天星、皇后、菜園村到新界東北等大型運動，「保育」均扮演關鍵角色。可惜，以地產建屋為施政主軸的政府，保育卻敵不過發展；上月古物諮詢委員會（古諮會）發布新的《歷史建築保育政策檢討報告》，顯示民間支持進一步保育古蹟，但古諮會最後的結論和建議卻令人憤怒，會方竟然竄改民意，扭曲市民聲音，令古諮會繼續「無牙老虎」的角色。

古蹟往往淪為發展的藉口。近日，三級歷史建築摩星嶺白屋由政府以一千元租予芝加哥大學布思商學院（芝大）十年，建築群經芝大粗暴改建後，白屋給玻璃圍牆包圍，淹沒得無影無蹤，兩成面積遭拆掉，超過二百棵樹遭砍掉（佔山頭三分二樹木）。

古蹟免費送芝大

摩星嶺白屋，又名摩星嶺集中營，地處偏僻，從五十年代開始至 1995 年，一直是警隊政治部的拘留所，尤其六七暴動間，不少左派名人便關禁在此，受盡嚴刑迫供，包括官至助理警司的華人曾昭科及前律政司司長梁愛詩的大舅黃祖芬。建築群記載昔日港英的殘酷統治，也是著名電影的拍攝場地，如威尼斯金獅獎得主《色，戒》、王家衛的《2046》也在此取景。無論昔日和現在的歷史，白屋均佔上一席位。

如此有歷史意義的建築，近乎免費送予芝大開辦學費高達120萬的行政人員工商管理碩士課程，2012年該校收入高達18億港元，學店般的芝大究竟讓多少港人受惠呢？諷刺的是，批地部門竟是教育局，芝大的改建並未進行古蹟影響評估，也未有諮詢古諮會。校方的辦學計劃只是十年；十年後，如果校方不續租，現在拆掉部分古蹟，損失卻不能補回。政府草率處理古蹟，歷史當成地皮，供作吸引外資之用。

改變不是恩賜，難有「袋住先」。1976年的《古物及古蹟條例》至今，任憑世事變幻，四十年近乎原封不動。

1976至78年的紅磡火車站的保育運動，聲勢浩大，給予港英政府壓力，否則當年《古物及古蹟條例》也難以立法。

1978年，古蹟學會曾收集一萬五千名市民簽名，上書英女皇要求保育建築，但失敗而回。從七十年代末至九十年代，保育香港會、九龍公園賣地、反維港填海等事件，保育的聲音在香港從不缺席；波瀾壯闊，要數2006至07年的天星、皇后保育運動，使保育走入平常百姓家，重構本地身份的認同，也為運動方式揭開新一頁，快樂文化抗爭、直接行動和佔領成為一代人的生活。其實，保育從四十年前已在香港扎根，只是不為官方認同。

2007年，前任發展局局長林鄭月娥提出的新政府文物保育政策，至八年後才有跟進，古諮會新出台的《歷史建築保育政策檢討報告》列舉多項重要的建議，包括，把規劃結合保育、採用保育區的概念、為古蹟訂立新的建築物條例，而文件的民意調查中，社會均大力支持。

當中，提出法定評級制度，讓歷史建築可受法定保障免受重建及改動，不像皇后碼頭獲得最高的一級評級依然難逃清拆命運；報告中有55%市民支持，反對者只有22%，古諮會卻建議「善用現行機制」及「研究應否設立法定評級制度，保護已評級歷史建築，並兼顧私有產權」，對賦予法定評級施行「拖字訣」。

操縱民意阻保育

動用公帑購買歷史建築，六成人贊成，反對只得不足三成；但報告卻建議「鑑於社會未有共識，古諮會認為不應強制購入或強制徵收私人歷史建築，亦不應使用公帑直接購入歷史建築」，直接令坐擁九億巨資的歷史建築保育基金變得不倫不類，只能從事教育和維修。

歷史建築法定評級制度

一級歷史建築：具特別重要價值而可能的話須盡一切努力予以保存的建築物。

二級歷史建築：具特別價值而須有選擇性地予以保存的建築物。

三級歷史建築：具若干價值，並宜於以某種形式予以保存的建築物；如保存並不可行則可以考慮其他方法。

此外，市民亦支持融入規劃的整體社區保育，限制發展，保留舊區的小販和老店。報告建議卻令人失望，指「先進行研究」是否可行，但珠三角的廣州及澳門早於 1982 年與 1984 年已引入「保育區」的概念，保育不止個別建築物，而是街道和社區。報告中，動輒搬出保護私有產權的說辭，實情不改變制度，發展重建作為經濟的核心，保育當成地產發展的阻力，毫不正視民眾對保育的呼聲。

回首 2007 年的文物政策至今天的報告，可謂開倒車，兩位古物事務總監林鄭月娥和陳茂波的分別，在於能力和決心。林鄭月娥當年回應天星皇后的保育運動，引入活化古蹟的政策，為古蹟提供保留社區網絡的元素，灣仔藍屋的成功案例，當時可謂創見；而政府山、雷生春開放作社區用途，非回歸初期的前水警總部變成豪華商場或市建局將和昌大押淪為高級食肆，也是回應民間的意見。

然而，陳茂波沒有履行林鄭的承諾，沒有把規劃元素放入保育古蹟之內，不惜扭曲民意。地產為先的落後思維，抹煞文化、旅遊倡導的社區創意保育；日後，可預見民間的身份運動將此起彼落，從社區出發，讓政府再次正視保育背後的意義。

活化歷史建築的「欄」

原刊於《信報》A17 文化論政專欄，
刊登日期：2020-12-08。

袁智仁

上月審計處發表報告，批評活化歷史建築夥伴計劃，猛烈抨擊項目延期完成，其中被傳媒點名的藍屋情況最嚴重，延誤達560日；另外有項目因為擅自改動，導致超支過千萬元。

報告原意良好，卻搔不著癢處，問題在制度，不只是延期或超支。太多官僚阻攔，令到活化失去意義。

筆者近日聽到一個故事，中環街市活化延誤多年，今年終於有望落成。近日區議員到街市視察，公開相片，公眾發現昔日何藩拍攝經典照片的樓梯，竟然被加上金屬的扶手欄杆，不少保育人士和攝影愛好者大為失望，甚至震怒，遷怒於項目的設計人員。實情卻是，他們花上兩年跟負責樓宇安全的屋宇署周旋，希望說服署方通融不安裝扶手，他們指出項目中環街市中已有升降機，解決傷健人士的出入，並以盆栽阻隔代替現行所需的

圍欄與扶手，符合建築物條例，再者樓梯是古蹟的重要構成，不希望有大幅改動影響美觀，但是署方一意孤行，一定要有扶手，才可批出「入伙紙」，結果變成今天的模樣。

小小的欄杆，令古蹟的美觀大打折扣，何藩再生，也再難拍出昔日的照片。

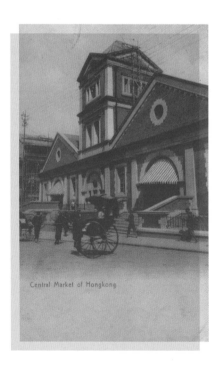

Central Market of Hongkong.

木建築之難

報告中，指出藍屋的工程，延期達 500 多天，但實情卻是非戰之罪。保育界都知道，遇上木結構的建築，非常難以處理，藍屋是上世紀二十年代的古蹟，更難上加難。現時的建築法例並不周全，尤其木建築相關的本地法例並不全面，亦缺乏木建築可參考的近代案例。

業界（包括屋宇署）普遍對木建築認知不及傳統常用混凝土及鋼結構深入，結果屋宇署審批木結構為主的古蹟時，標準趨向保守，例如耐火結構要求極高，尤其藍屋建於二十年代，當時的木材沒有防火的處理，加上木材有機會被蟲蛀，結果部分構建需要用上鋼柱，外邊包上木材，既保持原有的外貌，才滿足署方的要求，令活化工程於成本和施工時間大幅增加，所以藍屋的延誤是情有可原。

可惜，審計報告中沒有為藍屋還原真相，雖然藍屋獲得近年香港保育歷史上，最高評級的保育獎項，亞太區文化遺產保護獎最高榮譽的卓越大獎，卻因為平衡歷史和安全而延期，報告中變得一文不值。

參考鄰近的地區，台灣有專為歷史建築而設的建築條例，部分情況下容許放寬，或者考慮使用其他的方法作補足，而香港卻缺乏這種靈活。歷史建築要符合現時屋宇署的規定，往往費時失事，亦破壞歷史建築的完整性，使成本大增。舉上一個例子，現時建築都對無障礙設施有所要求，但是在古蹟上強行增加無障礙設施，卻變成一種巨大的破壞。試想像在接近百年的老房子，如何增加升降機，建築師只能破壞部分建築或周邊的空間，興建升降機。而台灣相對容許有靈活的處理，如可讓建築物中的職員協助輪椅人士上落樓梯，或者安置臨時斜台，

用營運者的人力代替硬件建築，節省成本之餘，保持建築完整的歷史價值。

社會多番要求發展局參考周邊地區的做法，為歷史建築提供較靈活的空間設置，為歷史建築訂立專門的建築條例，但屋宇署卻以不想開先例作為藉口，任由活化歷史建築延誤及超支。

偷懶的官僚

有業界人士聲稱近年保育工程的超支已經越來越多，除了上述所言，政府的不作為亦是問題。

近年顧問費中，前期工程的測試需要包括在顧問費中，相比早期活化計劃，政府先會為地盤進行前期的研究，包括：建築的石屎和鋼根質素，山坡鞏固程度的研究等。部分工程開展前，已經有詳細的結構報告，令中標者安心工程。

近年有關的前期研究報告，外判給中標者，費用雖然包括在顧問費，但令投標者很難預計成本。就如碰上地基的問題，打樁時遇上爛泥地，就需要平整，才可為古蹟加設升降機，相反官方進行該報告，有利成本和時間的控制。

保育天星皇后碼頭運動衍生的**活化古蹟夥伴計劃**，隨著近年古蹟保育熱潮有所退減，昔日政府會安排官員作跨部門協調，今時今日，已經很難見到這情況，結果古蹟保育淪為政府尾大不掉的項目。

活化歷史建築夥伴計劃如審計報告所示，存有改善空間。計劃中，19 個獲批項目中，有兩個失敗告終，已交回政府管理，這種自負盈虧活化古蹟方式絕不容易。近日，皇都戲院、珍寶海鮮舫的活化計劃相繼出台，保育對香港城市發展仍然重要，目前問題在於制度。塵封 45 年的《古物及古蹟條例》需要大幅度修改，包括有法定效力的評級，保育私人古蹟的方法，理順維護古蹟的方式，修改法律刻不容緩。讓條列不再成為保育的阻攔，而是助力。

第二部分

TROOPS
HON

E BRITISH EMPIRE.
CONSTABULARY

活化的是古蹟？還是
古蹟所承載的意義？

「活化」一詞令人滿有遐想，彷彿將之與任何名詞並置，某一物事便會突然從奄奄待斃變得龍精虎猛。然而，香港的古蹟活化可謂另一光景。古蹟一旦被活化，即變成貴得嚇人的食肆、又或以舊日情調作為打卡嚟頭卻實質臉目全非的主題商場。過去的人與事被擠在某一展示角落，只剩下一兩段毫無興味的文字與幾張不知拍攝緣由的圖片聊作介紹。究竟活化計劃因何而推出，抉擇過程有何考量？古蹟活化如何連結其歷史脈絡？又如何因活化計劃促進公眾對本土歷史文化的認識？

文化保育旨在保存社群所珍視的往昔片段，好叫人認清我城轉變的來龍去脈。這些舊日或凝鍊於一幢工業大廈、一家手工刀製作技藝，又或體現於一間活字印刷老舖。今天看來，它們已然不合時宜，卻曾是往日創意的展現。當下我們談保育、談活化，其中一大課題就是：如何沉澱往日的經驗，將舊事舊物轉化為未來可資應用的文化資源？就文化保育策略而言，「古蹟活化」亦稱為「歷史建築再利用」(heritage adaptative reuse)，將永續發展的概念融入古蹟保存計劃，令早已脫離原有歷史脈絡的閒置古舊建築再次為社群所用，重新與人互動產生當代的價值與意義。

本章選錄了五篇文章從目前香港各項活化計劃的弊端切入，叩問我們如何打破「守舊 V.S. 創新」、「保育 V.S. 發展」的二元思維，以更富想像力的方式承擔保育本土歷史文化的責任。

九龍東的往事
只能如煙?

原刊於《信報》A26 文化論政專欄,
刊登日期: 2012-11-23。

李 浩 暉

最近,政府常常把「活化」掛在口邊。「起動九龍東」變成「活化」工廈的項目之後,該區的工廈價格急升,投資者善價而沽。

最終到底是把已經死去的工廈「活化」,還是令本來活躍的工廈「斷氣」?

一份 2009 年 9 月 15 日的立法會文件指出,政府希望透過下降強拍門檻至八成業權來加快重建工廈;政府亦多次於該文件中表示,現時工廈已經過時,而且空置率高,亦有很多違規活動,令工廈即使不是空置,也沒有用作「最佳用途」。放在「起動九龍東」的語境來說,「最佳用途」就是一座座用盡地積比率的商業摩天大廈,背後代表它們對香港 GDP 的貢獻,而那些現時在工廈不太賺錢的活動應該趕走。

所謂保育「拆真建假」

近期，政府亦積極與不同組織聯絡，向他們宣傳在這個轉型的黃金機會可以如何分一杯羹，目的就是希望借助商界之力收購工廈，加快打造 CBD-2。回歸之後，香港經歷不少由重建帶來的爭議，亦累積不少保育經驗，於去年完成了「香港市區重建策略檢討」，確立「以人為先、與民共議、地區為本」的方針；可惜今天仍然是回歸基本步，市區更新仍然以一個「破壞 — 重建 — 新樓」的模式進行。

「起動九龍東」辦事處曾經舉辦過一個「地方營造」的論壇，這個論壇上官民共議的成分極少，跟傳統政府的諮詢會無異。改變的只是政府變聰明了，一方面更加著重一些公關工作，另一方面不再單靠市建局收樓，這樣既可加快重建速度，亦可於重建出現問題時歸咎市場的「無形之手」。雖然政府提供誘因，容許把整座工廈改為其他用途，但是在重建收益豐厚的現實下，工廈能否保留成為很大疑問。

> **地方營造（Place-making）**
>
> 有別於由政府由上而下的城市規劃方式，地方營造意指由街坊聯同建築師、藝術家等共同構想眾人所共享的公共空間，使之符合不同人的需求而成為凝聚社群的地方。地方營造並不僅限於設計城市景觀、又或公眾設施，而是著重在街坊討論社區需要什麼的過程，一同發掘社區資源與人際脈絡，以推動社區的改變。地方營造的過程，往往涉及對當區古蹟及其與社群關係的研究。不少社群甚至提出活化歷史建築計劃，發掘歷史資源連結不同界別與世代的群體，令舊建築變成社區內人互動的中心點，甚至帶動社區經濟發展。

有趣的是，政府在「起動九龍東」的網頁中特別提及不少在九龍東的工廈具有獨特的建築特色，而且承載著香港人的創業故事，代表著香港人的精神，云云；然而，定義文物和進行評級的權力是屬於民政局轄下的古物諮詢委員會。從古諮會的網頁來看，卻沒有考慮把任何工業大廈進行文物評級，亦未有計劃進行考察，以評估「起動九龍東」如何影響這些文化遺產，由此可見發展局轄下的「起動九龍東」辦事處跟其他部門缺乏溝通，對保育地區文物亦未見實際行動；在整個「起動九龍東」的計劃中，卻只計劃把駿業街遊樂場改造成「工業文化」公園，加上一些貨櫃和工業產品的藝術裝置，以消費當年香港的工業成就。

這種「拆真建假」的保育模式，不是文物保育，而是搞主題公園，工廈的衣冠塚也就是這樣煉成的。工廈面對即將來臨的噩耗，變不成林黛玉所葬的花，卻只能成為《變蟲記》中遭家人迫至自殺的男主角。

沒有工廈的九龍東，是香港人所認識的九龍東嗎？九龍東，特別是觀塘的歷史是怎樣呢？我們是否值得探索一下其他發展方式，好讓保育跟發展有所平衡？

地區歷史應予保存

歷史學者何佩然指出，二次大戰後香港人口急增，就業需求殷切，香港政府被迫放棄戰前建立綜合型社區的計劃，新市鎮改以工業發展為主。當時的觀塘於 1930 年左右已經是傾倒區，而且附近山丘容易平整，就近九龍已發展地區，又有碼頭在旁，因此獲選成為香港第一個工業市鎮。

由 1956 年開始政府一邊分階段填海造地，一邊鼓勵工業家買地建工廈。可惜那時候港英政府的資金並不充裕，填海造地只為獲利，對公共設施建設的投入極少，以致這個新市填在創建之始已經出現食水、電力供應和房屋短缺等問題。縱然面對如此草創困頓之境，於 1971 年在觀塘生產的貨品價值已佔香港生產總值 18.25%，約為 32.94 億港元，生產的貨品包括紡織品、成衣、機械等等；其中六成出口，四成內銷。

當時香港紡織品的產量之大，連宗主國英國亦感到威脅。可見觀塘的工廈不單曾經養活不少香港人，而且亦在香港歷史佔上一席位。

進一步說，如果七十年代的香港缺乏觀塘的硬件作為工業發展的基石，到了八十年代中國內地改革開放時，又如何引進資金

和工業技術，在眾多不明朗因素下成為中國內地最大的直接投資來源地？

誠然，香港的商用樓面不足夠，有損香港的金融中心地位，發展更多商用樓宇是需要的。但我們不能常以「趕時間」的心態面對市區更新，以「速度」之名破壞歷史，因為一個城市的面貌，反映著它的過去、現在和我們對它未來的想像和憧憬；因此城市規劃應該有長遠的面向，不單以解決當前問題為目標，同時要考慮保存地區歷史。「起動九龍東」正在測試特區政府平衡保育和發展的決心。

如果我們認同工廈曾經是香港人的集體回憶的話，那麼我們便有責任定出保育工廈的計劃，它的將來不應該只有消失的。難道「見證重要歷史」不可以成為觀塘工廈的「最佳用途」嗎？

懷舊活動漸變符號消費

原刊於《信報》A18文化論政專欄，
刊登日期：2013-9-02。

呂 文 珊

近日，某商場以「舊香港」為主題，把來自日本的「無口貓」以各種舊香港造型亮相，題為「走過獅子山下」，商場以為有趣地把獅子山改成「無口貓山」；算筆者愚鈍，未知原來香港精神已經變成「無口貓精神」，是「無口難言」乎？

嗯，想來，現在香港社會似乎非常喜歡懷緬過去，除了商界喜歡挪用懷舊主題創作商品或做宣傳，政府的「家是香港」運動也要祭出「獅子山下」以期團結港人；文化界亦有一股懷舊本土熱，舊區老店導賞團、式微工藝工作坊、墟市小販節、介紹小區老街散步的出版和報道等等，不一而足。

懷舊

懷舊一詞翻譯自英語 Nostalgia，其本源來自希臘語 nóstos，意指「歸家」，以及 álgos，即「傷痛」。身陷懷舊情調令人沉溺於幻夢似的家鄉，亦即從未曾存在的過去而自怨自艾。懷舊可視為一種文化現象，將美好的憧憬投射到古舊的、殘破的又或已然消逝的物事。但這種想像往往脫離現實情況，亦未及思考如何理解過去、過去物事消逝的原因，又或這些物事為何值得保存。

一切只為貪新鮮

如果說香港現在有一派本土主義是排外的本土主義，那麼這些或許可以稱為懷舊本土主義。舊日裡自有香港所有的美好特質，老店的人情味、舊香港的美學、香港人的刻苦奮鬥精神……當然，文化界搞的絕大部分活動，並非只為懷舊而懷舊，有的是為了爭取保留重建區、有的希望搞旺老店小店助其營生等等。善意之餘，有時我會懷疑活動對社區或大家珍視的價值是否有真正的正面影響。

間或在某些活動過後，聽聞當地攤販抱怨「阻住晒」，亦有小店老闆對眾多慕名前來拍照者感到煩厭；更甚的是，似乎這些老區文化活動製造了一股文青之間的潮流，而潮流，只能單純以消費而獲得的。我並非反對消費，只是如果這些行動活動到頭來只成為（偽）文青的符號消費，甚至反身佔據消滅原生態，豈非得不償失？

最近在做香港活版小印店的考察，有一些觀察。這類印店就是以承印單據名片等辦公文儀的街舖式小店，店子

本土主義（Localism）

在全球化的風潮下，人口、資金、技術、理念與娛樂等四方流通，促使不少地方思考其自身的文化及價值否因而遭受蠶食。抱持對文化全球化的批判，本土主義者主張回歸本土文化傳統、維護本地社群利益，以塑造其獨特的身份認同。就文化保育的角度而言，本土主義鼓勵人積極發掘過去的文化資源，藉由共同經驗與回憶，構成對地方的歸屬感。

既接生意，亦在店裡處理印刷工作。這些印店近年也曾牽起小風潮，大概是緣於電影《歲月神偷》吧！不少年輕人或文藝工作者對此很感興趣或覺得不捨，視為老香港的特色之一，感嘆師傅的排版工夫不再，希望參觀印店、參加工作坊、或購買幾粒鉛字做記念……而這些，抱歉說句，似乎都只是貪新鮮，或者是對舊日的無根幻想。

新鮮，並非指事物本身，而是指對觀者而言。活版印刷雖為老工藝，但現時大眾和西方近年發展出來的新派活版印刷工藝所追求的活版凹陷質感卻是百分百的新鮮事物，舊匠人均指墨色清楚卻不會把紙張打凹才是真功夫。舊事舊物承載著舊日美學或歲月痕跡，來到環境全非的今天，對於從沒見識過經歷過的人不就是新鮮！

說香港特色，鉛活字原由德國人古騰堡發明，經傳教士傳入亞洲，本土元素稀微，例如香港的活版師傅會把用來暫存字粒的木托叫作「字的」（composing stick）、填充版面空間的鉛粒叫「瓜打」（quad），都是音譯英語，是舊時香港的常見譯法，跟大陸和台灣的譯法不同。

從細節中更見這些活版小店反映所在的地區性，例如位於中環的店子會比較執著印刷品質，各種英文字體的存量也較多；新

界的店子則比較隨意，印品亦以中文為主、英語為副，由此可想像地區顧客之別。其他不贅，但足見工藝、工具和印刷本身並沒有香港特色與否，它們卻可能是香港歷史的載體，如果穿越表象讀到「人」這個層面裡。

事實上，這些店子的店面依然存放活版印刷所需的工具，但不少已經不再以活版承印單子，店面只接客，單子交同行以柯式印刷處理；其他還在以活版印刷的小店，做的幾乎全是老主顧或街坊生意，店主（通常同時也是印刷師傅）年事頗高，行業競爭激烈，如便捷的網上下單服務、便宜的全彩柯式印刷等，他們似乎都是守在自己的店裡等待這門工業日落西山。

選擇性記憶作祟

這個工藝的沒落，可說是時代的更替，無論多少次的導賞參觀報導介紹，均無法叫它重新興旺。當代的各種活版嘗試都是新的：新的美學觀（不打凹紙張 V.S. 凹陷質感）、新的市場（實用辦公文儀 V.S. 文創手藝／小眾獨立出版）……，大部分更是連鉛活字這個活版的最大特色也徹底捨棄，都用上一體成型的樹脂版，不再逐一撿字排版（那其實就是「凸」版印刷而非「活」版印刷吧）。至於活版印刷裡的香港歷史和特色，則有待進一步探究，

只是，無論是新嘗試或是單純保留工具，均無法讓我們保持或回到過去。

若然懷舊者喜愛真正的生炒糯米飯，卻不願當那由生米一直炒呀炒炒到熟的辛勞角色；喜愛鄰里守望相助，富起來卻愛入住「豪宅」，一切鄰里問題均由管業處先人一步地管理好了，於是連鄰居貴姓也不用知道，這樣的懷舊只是葉公好龍，之所以美好，是選擇性記憶作祟，只是逃遁。

若然以為現在的社會問題能夠以「重申過去美好、重回老好日子」來解決，則未免是一廂情願。不少九十後則根本沒有經歷過什麼社區鄰里同舟共濟，就是年紀較大經歷過的，不少人均

安於今天生活，他們根本並不能與懷舊者分享同一個美好，遑論可行與否吧。

舊事物已經失去舊日的社會和環境因素，要在今天繼續，就不能不面對當下的境況。若然真的珍視某些舊價值，希望在今天傳承，首先大概是要老實面對當下吧。

大興土木
未必保育

原刊於《信報》A19文化論政專欄，
刊登日期：2015-3-23。

徐卓華、原人

成本50多萬元的美食車、花上14億元的上海街保育，花錢／消費，官方眼中的旅遊和保育，就是好大喜功。然而，文化經濟並非多花錢便可取得成功，須要從本土角度出發，欣賞社區的特色。

市建局負責的上海街唐樓活化項目，趕走住客和舖戶，再變成拆樓項目 ——14棟舊樓平均每棟用上1億元，只有兩棟戰前唐樓可以全棟保育，珍而重之，其餘12棟唐樓卻視之為草芥，當中拆掉4棟六十年代的唐樓，8棟變成「大三巴」，以「後半部因普遍出現石屎剝落，結構脆弱，未必能承受活化後的負重」為由，只留外殼，後半部全部拆除。

結構脆弱　不是死症

市建局口中的上海街保育難度甚高，所以要拆舊樓；問題是，

保育難度是否局方的唯一考慮？成功的保育，講求小量改動，保留原有建築；也是藉古蹟復興社區，製造文化景觀，盡量減少不可逆轉的破壞，減低損害原有結構。

石屎剝落、結構脆弱，這對建築物來說從來不是「死症」，只要加固、補石屎、加鋼筋結構架，像雷生春、藍屋，維修後照樣屹立無誤；也可透過清拆較新的一棟，加建消防樓梯、電梯、機電、冷氣、消防水缸、無障礙電梯等消防和安全設施，以滿足法例要求。

在保育角度而言，更好的方案是只拆掉建築群內歷史價值較低的六十年代唐樓，以滿足消防及建築法例要求，遠比起現時一次過拆掉六十年代與評為二級歷史建築的二十年代唐樓好得多，那可減少對古蹟造成不可逆轉的破壞。政府也可訂立條例不能超越古蹟的承載力，例如限制人數、廚房樓層須有 5 噸（kpa）承載力；承載力較低的地方，只可用作辦公室或工作室等。此外，應以靈活的管理代替不能逆轉的結構破壞，

文化景觀
（Cultural Landscape）

文化景觀是地理學名詞，即由人與自然互動而演化的地區景象。1992 年，《世界遺產公約》將文化景觀列為世界遺產的其中一項，意味著國際文化保育思潮由早期聚焦於單一建築物、紀念碑，轉而擴展至建築群、鄉村聚落、工業地景、歷史事件發生的地點。其價值在於展現自然環境如何為人類文明創造特定的社會、經濟以及文化條件，藉以考察人類社會演進的歷程。這項國際公約的修訂說明文化保育不應只局限於古物古蹟本身，更必須擴展至維護其所在地以及相關的文化脈絡，顧及人與物、人與環境如何構成一地的文化傳統。

例如昔日和昌大押因按建築物條例規定，須在騎樓加建最少 1.1 米高的安全圍欄，結果，碩果僅存的木結構地台，因為不符加建圍欄的規定而須拆除重建；其實，可在該處適當位置放置花盆，告示行人不要靠近，這便可以保留原有結構。

當然，要測試、顧問、改建，難免需要成本，港式保育往往將貨就價，清拆和復修的成本差距可達一倍或以上，如果按 2010 年的數據，中高檔次的商場建築約每平米 24,000 元，雷生春的成本約為每平米 56,000 元；上海街淪落至大三巴，美其名是結構問題，實為金錢掛帥的後果。

在官員眼中，歷史的高低在於金錢，忘卻文化景觀，即是區域的社區和歷史氛圍。自 2003 年聯合國教科文組織提出《保護非物質文化遺產公約》以來，保育已經由物件轉移至文化、傳統和非物質的背後論述與價值。

保留文化景觀，其實不用大興土木，只需由人組成的社區。同樣，市建局的項目由於部分居民反對，不能購入足夠業權，永利街項目只有採用小修小補方式，花費大約 1 億元。近日空置單位租予民間團體「光房」，改建為 6 間 200 至 300 呎的房間平租予單親家庭，而地舖亦改為藝術用途，增加居民和社區的互動。不用動輒花上 10 億，只要把街道和人的氣氛保留下來，再

添上文化藝術活化，已是成功的文化景觀。與其大興木土，不如想辦法留住社區。

掏空社區　變成空殼

不論引入外來的美食車、本地趕絕的熟食小販或上海街的保育爭議，均是源於本土與全球化的角力，市民對城市的詮譯權與財爺（政府）的全球想像的迴異。

城市在全球化單一形象下，如何找出特色，構成在地化（localization）的論述，對外宣傳？政府不斷找來外國的新噱頭，如「聰明城市」（smart city）。其實，新不是問題，任何舊物，包括古蹟、小販（非物質文化），都可以賦予新的意義，矛盾是新舊的政治角色，誰會被犧牲？在全球化的風潮下，新的元素往往排拒舊的傳統，變成形似實不似。上海街的例子，只是掏空社區，大興土木，一次過趕走原有住客和商戶的斬草除根式保育，只換來的，只是 14 億元的老翻大三巴，只是市建局收樓重建的保育版。

山下・我城・
一小刀

原刊於《信報》A29 文化論政專欄，
刊登日期：2015-6-08。

蚯蚓仔

最近在獅子山下有一「山下・我城」大型文化展覽項目，在康
文署的兩大公園設了兩個分別介紹過去九龍城寨及黃大仙區生
活的藝術展區，藝術家以不同意象嘗試重現香港人的「集體回
憶」，在後雨傘年代重述「獅子山傳奇」。

除藝術展覽外，活動同時亦有不同的導賞及講座等周邊活動，
導賞路線包括仍「活生生」的九龍城街道和牛池灣公共屋邨，
還有面臨清拆命運的衙前圍村。活動主辦機構文化葫蘆近年積
極保育民間手工藝術，使老師傅快將失傳的巧手技藝登上了中
環高級文化場地的大雅之堂；但剛巧最近有一宗新聞，就發生
在藝展內容覆蓋範圍的衙前圍村內：一名手工刀師傅收到執達
吏的迫遷通知，這一種傳統手工藝可能就此消失。同人唔同命，
將兩種截然不同的際遇並列在一起看，不難看見香港文化界別
的一個有趣現象。

是誰讓傳統手工業走向衰落

筆者從藝展主辦機構的網頁中，得知其宗旨為「保留地道文化、重現本土精神、激發民間創意」。除了上述展覽項目，此組織經常把一些傳統手工藝品以品牌化包裝重新「活化」，如早前就將手製木桶及鐵皮信箱帶到中環舉辦展覽及販賣。這些被標籤為「油盡燈枯」的手工業，箇中當然有讓更多人知道和認識的價值，但這些近年越趨流行的懷舊式文化項目，內容只會提到這些師傅的手有多巧、技藝有多高超獨特，卻隻字不提這些工業消失的原因。

難道這些手工業只是單純因為老舊便要無可避免地慢慢（被）消失？他們的消逝真的有如人的生老病死一般自然？回到上面手工刀師傅的故事，據筆者所知，其實自八十年代起，長實地產已開始逐步收購衙前圍村村內的單位，但部分居民不願意出售自己的物業及放棄自己的生活方式，因而拒絕地產商的收購。長實無法收購全村業權，便由「土發公司」（即現在的市建局）接手繼續進行游說及收購，但仍然無法收購村內所有業權。直

到 2011 年，市建局向政府申請使用《土地收回條例》，將衙前圍村的土地強收為官地。而三代造刀的范先生亦失去了「范合利刀仔店」的自主權。據報章報道，范先生於今年 5 月中收到執達吏的通知，要求他遷出從父輩繼承的製刀工場（編按：范氏向法庭申請推翻有關執達令，獲法庭批准暫緩執行，案件 6 月 8 日提訊）。范先生所製的手工刀包括專門提供給搭棚工人的「鋒鋼棚刀」（全港只有他會製造），以及長沙灣蔬果批發商專用的「復合鋼瓜刨」，是香港碩果僅存的手工刀匠。他每月只有數千元微利，實在難以負擔遷出後的租金，他本人的生計當然大受影響，更重要的是，其實連需要使用他製作的手工刀的下游行業亦會受到影響。

是誰讓傳統手工業走入藝術殿堂？

一個老師傅的消失，表面上看似是一件微不足道的事，但其實他正代表著香港不同本土手工業共同面對的處境。

在今天香港的文藝工業情景下，若范先生的手藝能受到某些機構「青睞」，可能他的手工刀工藝還能在中環某高級販賣店或設計廊得以延續，但他的顧客不會再是搭棚工人或是生果檔工人，價錢亦不會再是平民化的價錢，而是被「冠」上稱為手工藝品的層次及售價。

這樣做，表面看似能保留一種有價值的傳統手工藝，但其實完全忽略了承載這種手藝的原生態已經被消失。昔日社會，草根小民出來學門手藝但求搵夠食，政府也不會搶盡可供小市民喘息生存的空間，仍能找到租金低廉的地方，所以手工產品亦會儘可能賣得便宜一點，既可回饋街坊，又可讓更多人用得到。可惜，這種老式想法已完全不容於今日「有錢賺到盡」的香港社會價值觀及發展策略，當政策是在鼓勵搾取每一寸的空間以獲取最大的利潤時，其實我城根本已經容不下這些老商店和老師傅了。

把一個老師傅帶到中環，最多只能稱為「保留個別本地文化」，但其工藝卻早已離地，跟其連繫的經濟關係和社區生態斷裂。再者，那些未獲各位文化達人關注的本土文化是否就活該消失？有說是推廣文化要中立、要去政治化，但只懂迴避觸碰制度及政策上的問題，卻強調濫情的懷舊情懷，筆者覺得這根本不是保育本土文化的應有表現和態度。將舊東西的流逝視作理所當然，不問情由，然後以懷緬及撫今追昔的語言，透過各種官方文化項目美輪美奐的傳播給大眾，這往往卻成為加速本土文化消失的助力，使山下的我們不再相信可以透過質疑和挑戰現行制度上的不公義，接著地氣的去追尋、體會、保留我城的文化與價值。

救亡乎？活化乎？傳統工藝的當代意義

原刊於《信報》A23 文化論政專欄，刊登日期：2021-6-28。

丁 穎 茵

從非遺教育計劃談起⋯⋯

近日賽馬會「傳・創」非遺教育計劃周年展覽現已揭幕，向公眾展示過去一年學員參與培訓課程的成果，也邀請傳統工藝大師與當代藝術工作者展示其對非物質文化遺產的新構想。計劃重點推廣的傳統工藝包括：紮作、長衫、剪紙、吹糖、麵塑、木傢俱、廣彩、白鐵、蒸籠製作技藝，期望透過教育、活化及研究等方式，不但加深公眾對本地非物質文化遺產的認識，進而思考傳統工藝的當代意義。

「傳統工藝」一詞似乎帶著幾分「夕陽無限好」的傷感。今天已沒有多少人憑藉一手技藝足以養妻活兒，更鮮有年輕人冒險投身其中。當傳統工藝被稱為「文化遺產」，其未來將如何展開？

文化遺產是什麼？

文化遺產的概念來自英語「cultural heritage」，意指世代相傳的文化活動與知識技藝，以及與此相關的物品。舉凡任何非物質文化遺產，如製作技藝、習俗儀式以及所屬社群的回憶等，莫不涉及相應的物質文化遺產，如廣彩技藝即生產出色彩斑斕的陶瓷器皿、道教祭典規儀即演繹出各式祭儀用品。「遺產」一詞尤其著重特定群體的擁有與繼承權，借以建構其身份認同、以及對過去的理解。更重要的是，文化遺產往往形成一環環相扣的社群網絡，如物料供應商、製作團隊、分銷統籌以及消費者等角色。不同角色或對該項文化遺產有著不同的觀點與理解，但彼此支援卻帶來了更新的動力，並且豐富了文化遺產的意義與價值。對於香港傳統工藝而言，保育工作必須面對支撐製作、銷售與消費的社群網絡早已崩析。教育推廣如何重構這一網絡，使得工藝有所承傳？

非物質文化遺產
（Intangible Cultural Heritage）

根據《非物質文化遺產保存公約》，非物質文化遺產包括了口頭傳統、藝術表演、儀式慶典、節日活動、傳統手藝技能，以及關於自然與宇宙的知識與習俗。如韓國泡菜、印度瑜伽以及牙買加雷鬼音樂亦獲聯合國列為人類非物質文化遺產。非物質文化遺產可視為人類文明以其所累積的知識轉化為活動、展演與技能，其保育大多通過研究紀錄、收藏及展示相關物品、以及設立教育培訓機制，使之世代相傳。然而，非物質文化遺產往往因應時代變遷、業界萎縮、以至社會風氣更易而不斷變化。保育計劃如何回應變遷、不致令其脫離實況而變得徒具虛名正是一大挑戰。

所謂「承傳」並非指傳統工藝必須一成不變，反而必須從誰來繼承、如何繼承與繼承什麼等疑問，不斷與現今社會討論以充實傳統工藝的內容。歷史學者 Jerome de Groot 認為文化遺產賦予人的不是已逝過去的懷戀，而是與眼前生活相互參照的經驗，而其價值與意義亦只能透過恪守某種製作規範、遵從使用古老器物的禮儀、觀看傳統表演等方式而得以體驗。文化遺產研究學者 Laurajane Smith 稱這些體驗為意義建構的過程。由重訪相關回憶、遵從某種規模、認識物事承之有緒的來歷等，專家學者與社會大眾一同討論文化遺產衍生什麼意義與價值，並從過程所建構的論述檢視現今社會對自身、對過去的理解。因此，文化遺產的記認不僅是技藝或物件本身，而其所保存的是群體所共同珍視的價值與意義，使之成為某一時代、某一地方的代表。那末，文化遺產的保育計劃其如何思考傳統工藝帶給人的體驗，並從又如何從製作、銷售以至應用等體驗建構屬於時代、屬於本地的價值與意義？

傳統工藝的難題

或許我們必須先撫心自問：家中樂於採用白鐵製成的廚具？閒時打扮願意穿著長衫？宴客飯局也刻意採用廣彩食具擺擺派頭？假若我們喜愛傳統工藝，卻無法將之納入日常生活，我們已然淘汰傳統工藝所製作的器物。這些舊器物剩下的，大抵是拍照留念與

偶爾觀賞的興味，由此喚起一種追憶美好年華的想像。

撇開一切浪漫想像，傳統工藝不就是過去製作生活用品的技藝。工匠製作各式各樣的器物，滿足了生活的不同需要。器物可視為人類自身的延伸，如筷子即延長了我們想抓緊熟食的雙手。選擇什麼樣的器物，也透露出使用者的身份、個性與品味。器物的造型與功能決定了人類與它的互動方式，而這互動方式往往包含著社會規範、文化價值又或美學判斷。舉例來說，我們從小被訓練捧著碗、用筷子吃飯，這一動作免卻米粒、餸菜殘餘隨處散落，其體現的正是珍惜食物的價值。而我們用的飯碗不但飾以各種祝福的紋飾，更以圈足、撇口等形制，便利人捧著吃飯、也捧著對生命的良好寄願。其實，生活用品不尋常。尤其是我們一直在用的東西，它們往往代表著一種生活方式、一種值得珍惜、代代相承的價值。種種價值由我們的生活所承載，也由傳統工藝對器物製作的規範所保有。

保育與活化之間

從文化保育的角度而言，承傳傳統工藝、將之活化，在於透過研究與教育不斷與公眾討論這項傳統工藝何以世代延綿，又如何從生活理解其價值與意義。如前述，傳統工藝構成一張從生產到消費以至論述的社群網絡。這一網絡也以各自的方式參與

器物的製作，完成一場又一場過去與現在的對話。製作人會想：從前的做法是什麼，我們應否依從過去約定俗成的樣式與生產流程？又或新技術、新樣式是否帶來技藝的新內容，製作出更精良的器物？消費者也會問究竟從前的樣式用起來較得心應手、抑或因應新需求而講究新花款？從變與不變、變動什麼、保留什麼的討論，大家必須整理過去留給我們的記憶，從而討論活化傳統何以體現眼前以至未來的願景。

近年的文化遺產保育計劃中，活化往往意味著以當代藝術或設計等新概念注入傳統工藝，營造古今混融的新趣味，拉近過去與現在的距離。1926 年，豐子愷發表文章〈工藝實用品與美感〉，評論不同文化元素混合而製成的工藝器物。他說：

> 「混合並非一定不好，混合中也許可以尋出多方的趣味。可惜我們的只是『混亂』，是迎合、模仿、卑劣和守舊的混亂的狀態，象徵著愚昧、頑固等種種心理……器物世界需要孕育成為一個系統，以使其可以安頓人的精神。」

其實，傳統工藝無時無刻也在變動之中，保留與變改的選擇在乎價值與意義，更在乎我們對衣食住行的需求。工藝物品足以安頓人的精神，因為長衫不但保護身體免受風吹日曬，更讓人

活動自如感受身體與外在世界的聯繫：竹蒸籠既吸收蒸氣水份保留食物原味，更以淡淡竹香豐富了餐桌的色香味。傳統工藝製成的器物滿足了生活的需求，也將美好的想像切切實實的帶入日常生活。豐子愷提出器物世界所孕育的一套系統，正是一套對美好生活的追求。

將傳統工藝帶入生活……

舊器物離開了日常生活，工藝也不再有原來的創造力。傳統工藝又如何立足於當代社會？參觀保育文化遺產的展覽、投入教育推廣活動同時，我們學習賞析美侖美奐的工藝作品及其技藝，更必須追問傳統工藝如何製作出觸發美好想像的生活物品？又如何讓人發掘出美好生活的不同想像？當白鐵廚具、廣彩食器又或木傢俱回到日常生活，我們或可從物與人的互動發掘出其所牽引的生活習慣與文化價值，因而更願意群策群力、營造出工藝傳承的社群網絡。

第三部分

Hongkong City Hall

H. 28

或者，文化保育可以

有其他可能？

從灣仔藍屋到深水埗主教山的保育，我們不難發現人人也可以參與其中，為我城、為下一代保留與香港歷史息息相關的物事。文化遺產研究學者 Laurajane Smith 甚至提出「欽定式文化遺產論述」（Authorized Heritage Discourse），批評不少古蹟保育計劃大多聚焦於專家研究與保育技術，壟斷了文化遺產的詮釋，並未有從建築或考古學以外的角度思考人與過去的關係。Smith 強調文化遺產的保育計劃理應屬於社會大眾的。一座歷史建築既藏著建築師與主事者的雄圖偉略，也包含著材料供應商、建築工人、使用者以及附近街坊的故事。文化保育的討論也就必須邀請不同社群參與其中，使其承載著不同人的聲音，發掘文化遺產的多聲道意義與價值。

近二十年多來，全球各地的文化保育運動不再局限於古物古蹟的維護與修復，反而著重保育過程如何聽取不同社群的聲音、邀請不同經驗與背景的公眾參與其中共同創造文化遺產的意義與價值。這部分收錄的文章正以本地的案例回應全球保育運動的潮流，促使我們跳出體制條文的束縛，思考自己與身邊友人可以為香港的舊事舊物做些什麼。這些保育個案大多得力於社區主導、公眾參與、又或社群賦權，正反映普羅大眾如何群策群力，以其識見、想像與創意重構自己的文化遺產。閱讀他們的經驗令我們再三反思文化保育工作的不同面向，更擴展我們對香港文化遺產的認識 —— 原來我城不僅有大館與虎豹別墅，還有麵包廠、棚仔布販與龍窰的故事。

或許值得保留的本土文化就在身邊，靜待我們發掘其動人的意義與價值。

私人歷史建築保育的公民權

原刊於《信報》A19 文化論政專欄，
刊登日期：2015-8-24。

林芷筠

在香港，每每面對私人歷史建築物保育的爭議，公眾的角色總顯得蒼白無力。由於香港的古蹟保育條例如此落後，若物業未界定為法定古蹟，政府沒有權力阻止業主拆去有重要歷史意義的私人建築物。大家明白，所謂的歷史建築物評級三級制，只屬建議性質，沒有法定效力。

因此，物業能否保留，永遠只關乎政府與業主之間的交涉。政府，頂多受到公眾壓力下，才嘗試游說業主，探討轉換發展權、換地等方案，但決定權還在業主手上。要政府花公帑收購物業，受制於「審慎理財」的大原則，好像對不起納稅人般（但每每動用數百億元興建大型基建又如此樂意）。長遠而言，保育私人歷史建築物，有何出路？

限制發展等於侵犯私有產權？

往往談論私人歷史建築物保育的政策，總離不開「尊重私有產權」的論調。私有產權指的，基本上就是業主有其擁有權、佔用權和使用權，並有權決定誰可進入該物業；業主也擁有轉讓權，以及在金融制度中以物業作抵押的權利，直至不再擁有該物業才失去上述的一切權利。

私有產權是資本主義社會的重要基礎，必有法例保障。若法例容許法定機構有權力強徵私人物業，便須有其凌駕性的公眾利益為由，例如徵地作公共基建、強徵物業作市區重建等。私有產權，是否代表業主能對該物業擁有一切權利，包括轉變用途或重建發展權？

在香港，規範一幅私人土地的用途和發展規模，主要有三大方面：該法定規劃圖則、地段地契、《建築物條例》。根據《城市規劃條例》，規劃委員會要為「促進社區的衛生、安全、便利及一般福利」而有系統地就香港某些地區擬備規劃圖則，因此可理解法定圖則為著公眾的福祉，有其凌駕性的地位。

地契則是作為全港土地大業主的政府與租客之間的契約（即一般所說的私人地其實只是向政府租的地），政府透過地契條款，

「1881」，前身為逾 130 年歷史的前水警總部。

上圖為以水警總部為主題的明信片；下圖為商場 1881 現貌，網上圖片由維基百科用戶 Wpcpey 所攝。

規範該土地的用途和發展規模，若租客違反地契條款，政府有權沒收土地。

《建築物條例》涉及更仔細的層面，主要是控制建築物對使用者和周邊公眾的安全和衛生。在規劃層面上，我們可把關乎公眾生活質素的元素加諸法定圖則上，或由城規會在審批規劃申請時，視之為重要的考慮因素，例如當區的重要通風走廊、景觀走廊、山脊線景觀等也須保護。可是，關於歷史建築物保育，在規劃層面是缺席的，《建築物條例》更與保護歷史建築物無關。

如果說，為著保存歷史建築物與社區的關係，把重要的文化資產傳承下去，以及保存都市地景獨特性，這些足以成為公眾理由，凌駕於私人業主在其地契所容許的發展權嗎？雖然，只要是法定古蹟就不能拆，具有凌駕性意義，但成為古蹟的門檻極高，那些只獲評級的私人歷史建築物，隨時被消失。要保育，公眾除了用群眾運動要求政府出手阻拆，也別無他法。

保育中的公民權利與義務

支持保育的，當然希望香港有強而有力的保育政策，政府有法定權力阻止業主拆掉重要歷史建築物，但強硬的要求，往往只換來侵犯私有產權的指控。因此，我們經常只圍繞換地、發展

權轉移、政府出錢收購的方式作思考，談長遠政策則構想成立基金或信託等，但這一切也只基於要為業主因失去原有「發展權」作出補償而思考的。

保障業主的發展權總是理所當然的，為著城市的文化資產保存總是不值付鈔的。但不論政府出手或是業主願意不拆，將來如何保育或活化，公眾也毫無話語權。保留下來的建築物，也有可能成為下一個綠屋或「1881」，變成去掉靈魂的軀殼。即使越來越多人談論的保育信託制度，是否可保其獨立性，提供公共化的平台，體現公眾對私人歷史建築物保育的參與權利與義務？

文化公民權
（Cultural Citizenship）

1948 年，聯合國發表的《世界人權宣言》〈第二十七條〉明言：「每個人都有權利自由地參與社群的文化生活；享受藝術以及分享科學的進步與其帶來的好處。」及後，不少學者對此多加闡釋，提出文化公民權必須擴及至社會不同群體的多元表達，同時也講求政府分配資源於文化保育、文化參與及教育等方面，令公民得以從中建構意義與價值，完成自我的「主體性」。

公民社會既然著急要求保育，理應有義務一同承擔該建築物的保育。信託制度值得發展，那是直接對應保育及修復開支的工具，但在這之上，我們更應思索一套關於歷史建築物保育的新「契約」制度。

可想像一下，由公民社會一同承擔該建築檢驗及維修保育費用，甚至是相關的公眾教育活動和研究工作的費用；

而業主雖然可繼續持有該物業業權，亦有轉讓權。那筆由公民共同承擔的費用，可以藉信託方式運作，大前提是業主與公眾之間應重訂一套新契約，就建築物的將來應以民主、透明的方式作出決定，業主不能自行決定。

獲授權的信託單位必須是獨立、透明、具問責性的。到底信託的架構形式和經費來源（如先由政府注資、公眾自由捐獻或建立會員制等）的具體問題，可在社會繼續深化討論。然而，不論信託、基金或其他集資模式也只是形式而已，最重要的是從制度中彰顯公共性，讓歷史建築物保育成為一件共同承擔的任務，並讓大眾集體性地分享其意義和價值。

社區市集不能只剩下文青

原刊於《信報》A21 文化論政專欄，
刊登日期：2015-10-26。

原　人

10 月 17 日，中環碼頭舉行市集，邀請台灣、泰國、日本等攤
檔參與。為進入場館朝聖，數百計的文青，等上多個小時，甘
之如飴。隨著本地文化興起和新高中的通識課程，「認識香港」
變成少年和學生必讀一節，社區變成潮流，如雨後春筍的市集，
爭相追捧。

過度商業謀殺市集市集不是新「玩意」，昔日村落以廟宇為核
心，有宗教、教育私塾和法庭等功能，廟前的大樹和空地，人
流聚集，有人便成墟。今天我們見大埔墟、聯和墟都是由廟前
空地演變的墟市。舊式墟市，活在社區，聚集、談天、交流、
買賣，建基互信。時尚的市集，用上異國和藝術包裝，人情變
成商品，交流變成購物，正面的價值是給予年輕人創作機會，
發一下老闆和藝術的夢。實情跟小型的格仔舖商場沒有兩樣，
市集慢慢跌入困局，越要賣點，越主流化，越見高昂的租金，

營運不易，一不小心走上全盤商業，手作變作廣告的宣傳口號，單一沒有特色。

根據多年從事手作朋友分享，過度商業化變成劣幣驅逐良幣。部分只為賺錢的偽文青，只會做他眼中認為利潤大的主流手作——用現成的小飾物用手貼在一些物件上。而一些真特色小攤，會被活動大會視作非主流而不能入場。來逛市集的人都想像要講價，真手作變得沒有價值。

數年前市集，文青地攤，提倡另類生活，作為反抗市區重建和商場入侵的標誌，反思一式一樣的商業文化，可細味尋找驚喜；又講求社區經濟的理念，熟客的互信，街坊的關係，有時不在乎貨品十元百塊的平貴，更在乎老朋友和人情味。雨後春筍的市集走向純粹文青和藝術，跟社區越走越遠，講求新穎和綽頭，文青成主角，社區文化何在呢？文青市集，離開社區，變成一種潔淨的概念。

真實的社區不是靜止的概念，不一定美好，也有衝突、不快、不滿。社區內，有各種的人，性工作者、露宿者等，不是社會主流，需要包容共存，

社區經濟（Community-based Economy）

社區居民因應相近的自然環境、歷史源流又或生活形態，按地利與人和而共同發展的營商模式。如日本中富町的傳統和紙製作、英國 Curdworth 社區開發的農莊體驗之旅等。社區產業不但凝聚居民的聯繫、發揮地方的文化價值，更有助振興地方經濟。

這是潮流難以容忍。觀塘、荃灣、深水埗等舊區，舊式小販和街市面對重建，社區四散，生活大不如前，市集又有否如初衷，跟社區走回一起，或只是變成文青的玩意呢？

走入街坊生活

重新了解社區，不只是靠市集，而是親自體會。除了市集，方興未艾的還有文化導賞團。大、中、小學因為課室和興趣了解社區，導賞也用快速方法、二三小時體會街坊生活。聽故事、看古蹟、賞小食，除免「遊客眼光」簡化複雜問題，向參加者展現社區的驚喜，在街角小店發現物外之趣，而不是精心計算的包裝。

認識社區，社區有獨特文化。早前在觀塘有一間麻雀館因為重建搬遷，掛著公雞的霓虹燈放入西九的 M+ 博物館，社區的特色也可登大雅之堂，但一個沒有麻雀館的麻雀招牌會怎樣呢？要了解地方，就先走入地方。從麻雀館說起，為何它的英文是 Mahjong school 呢？竟以學校自居，從故事細節，再回到生活智慧，這就是文化，比在博物館看招牌更吸引。

遊客眼光（Tourist Gaze）

「遊客凝視」語出社會學家 John Urry 的觀看概念，強調「觀看」乃帶著自身慾望、文化詮釋和權力關係，難以客觀反映現實景象。此等觀看往往把代表地方的物事簡化為符號，因應旅遊展演而重新組合成對該地的想像。

藉著走入街坊生活，社區故事轉化成發聲的渠道。澳洲政府的保育機構遺產協調會也會資助特色的文化研究題材，如電影主題。民間活用可靠的資料，利用文化遺產作文化團的材料。文化團亦是重新塑造身份的工具，如：入選世界文化遺產塔斯曼尼亞的約瑟港，一座百多年前的懲教中心，代表世界首批引用懲教概念去教化犯人的建築。文化團講解雖然澳洲祖先不少是來自英國囚犯的故事，看似不光明，原來當年司法不公，9歲的兒童也因貧窮偷麵包入獄。藉引入懲教，當年，成功教化犯人，引導澳洲成功走入富強之路，一反大眾對囚犯的認知。

重新演繹的庶民故事，何者才是社區的重點，也是回應社會議題好方法。重建推倒舊區、發展加租趕絕小店、小販無法營生，這也需加入導賞團內，但要讓參加者真切看見需多番心思，才可引發多角度思考。

近年，搶地建屋成風，綠化帶首當其衝，綠化帶是什麼呢？正是不少社區的後山，街坊自行活化的休憩地的公園，當政府搶奪綠化帶，興建住宅，議題跟不是住在當區的市民而言，彷彿很遙遠。走上深水埗的主教山，接近一公畝的面積的山頭，滿布自製的健身器具，附近老人家、新移民小朋友和劏房居民的天堂。參加者也會明白綠化帶在身邊，了解保護綠化帶的必要。

文青融入社區

如何吸引文青融入社區呢？賦予市集在買賣外另一層意義。社區營造除了歷史和地方，也講產業，為街坊帶來新生活，利用社區手作和創意，給遊人帶來驚喜和另類的生活。文青在社區土壤創作，承傳老手藝，深水埗的布疋，觀塘的鐵匠，社區是寶，在乎如何發掘。街坊也藉導賞、手藝，改善生活，達致雙贏。社區產業，香港成功案例很少，文化藝術凝聚社區，但難變成生計，結合文青與街坊市集會是新路向，成敗難料。

早前，女工會和活在觀塘在社區組織義工，用回收食用油做上一萬塊手工環保「番梘」，再送給受重建影響的小販給顧客作贈品，希望改善小販生意。藉此計劃，促成文青手藝回到社區，讓街坊得益，效果拭目以待。

重建須配合保育街道文化的旋律

原刊於《信報》A17 文化論政專欄，
刊登日期：2016-12-12。

蕭 超 杰

一個月前到馬來西亞旅遊勝地檳城與家人旅行，期間由朋友駕車觀光，筆者發現當地有些街道會聚集售賣同一樣商品，又或提供同一種服務；這些特色街道勾起我的記憶，憶起以往香港也曾有這些特色街道，就如灣仔喜帖街（利東街）、旺角雀仔街（康樂街）等，可惜這種類型的街道在香港越來越少，它們全因重建而不能保存下來。

特色街道漸消失

上世紀九十年代因受重建影響的中環花布街（永安街）布販看似比較幸運，獲遷往上環法定古蹟的西港城一樓繼續營業，可惜舊日花布街的風采已然消逝，例如當年布販的營業額每年是

街道文化（Street Culture）

美國六十年代曼克頓城區居民對抗市區重建的社會運動，暴露了城市規劃中的矛盾。在爭論中，人們發現拆除舊區原有街道結構、興建高速公路的主張，往往破壞原本來造就一座城市的有利因素。此外，舊區小街有利保持鄰里關係、令行人樂於遊走其間，更有助地區經濟持續發展。相關討論現已成為城市規劃不可忽視的觀點。

以百萬元計，現在每年則虧損數萬元。諷刺的是，在地下和二樓往來食肆的人流，卻比往來這個「新花布街」的人流還要多。

筆者看到這種人煙稀少的情況，便即回想起上月到訪馬來西亞吉隆坡的中央藝術坊，它屬吉隆坡早期的菜市場。這座建築物很有歷史價值，早於 1888 年落成，原本是木構造，後來由於吉隆坡人口暴增，市場空間不敷應用，故此 1894 年，吉隆坡衞生委員會決定重建，並於 1895 年完成工程，其後服務 50 年間也多次增建，再於 1930 年拆除重建。

直至 1970 年吉隆坡市區發展單位計劃發展市中心一帶，菜市場應面對拆毀的命運；幸好當時馬來西亞古蹟信託局與政府交涉，終可保存中央市場，並由傳統菜市場重新設計規劃為販賣手工藝品的商場。它與西港城十分相似，前身同樣是街市，也是 100 多年的歷史建築，也有類似的命運，同樣以保育為由改為手工藝品中心。筆者看到兩者相似的地方，就是到訪手工藝品的人煙稀少，反而到來的人流主要為光顧食肆。

切割街道的日常生活實踐

花布街遷入西港城後，人氣大不如前，這只是眾多特色街道保育的其中一個失敗例子，就如旺角的雀仔街，重建下變成朗豪

上圖為千禧年代的利東街，網上圖片由維基百科用戶 Mcy jerry 所攝。
下圖為活化重建後的利東街，網上圖片由維基百科用戶 Wpcpey 所攝，攝於 2016 年。

坊，街道搬遷到旺角園圃街，已經不旺丁、不旺「雀」；同樣灣仔喜帖街雖有幸逃過遷街命運，但經歷 12 年重建後，舊唐樓接近一掃而空，換來的是豪宅和華麗的商場，與喜帖街原來的商舖格格不入，整條街變得不倫不類。

香港的特色街道出現，往往是市民日常生活實踐形成所致，背後包含市民對街道的共同回憶，這些街道的別名正正反映市民在街道上的生活實踐。當街道失去原有的特色，即使原址重建，亦已失卻市民對街道的共同回憶。更甚的是，遷離原址，更是把街道與市民日常生活的實踐積累徹徹底底的切割，雀仔街和花布街便是活生生的例子。

不幸的是，西港城內的布販命運更為坎坷，明年 2 月西港城須作維修，要求布販遷出，又說會在同區物色地方安置他們。現時苟延殘喘的花布街布販，再次面對與市民日常生活實踐的切割，到底有幾多布販繼續營運下去，只有天知。

引入法例保街道面貌

英國對街道保育的方法其實十分值得參考，二次世界大戰時期，納粹德國為了迫使英國投降，派飛機轟炸倫敦，並且向英國發射最新研製的導彈，倫敦大批建築炸毀；德軍這一行徑卻激發

英國人對建築保育的意識，英國人認為炸毀建築物也不能影響士氣。英國於 1941 年組織攝影師在全國範圍內，把所有歷史街區和建築拍攝下來，並歸類照片存檔，以保其炸毀後得以復回原貌。

同時英國政府在各鄉鎮組織當地建築師，整理一份當地的古建築清單，讓其即使受摧毀後也有憑證重建。戰後，英國展開重建步伐，創立建築保護清單，用國家法令保護歷史建築，還在 1947 年引入法例，明確規定歷史鄉鎮的建設與保護歷史風貌之間的平衡。

香港重建規劃中，商業發展與歷史建築和特色街道的關係，商業發展往往優先考慮，而歷史建築和特色街道只能跟從整個商業發展。若歷史建築和特色街道在重建上先考慮，不受拆遷而原地保留，彷彿整個重建項目不能進行。然而，筆者認為重建的同時不應只重商業，更應讓歷史建築和特色街道的保育參與在重建的主旋律中，具有像英國人對保留自身街道歷史風貌的熱愛，並引入法例規定保留街道的歷史面貌。現時的當務之急，則是如何協助西港城的布販，在西港城維修期間的安排，以及維修後重新遷回西港城。

改建嘉頓與歷史聯繫可行嗎

原刊於《信報》A17文化論政專欄，
刊登日期：2017-09-18。

蕭 超 杰

上月嘉頓有限公司擬向城規會申請，把位於深水埗道58號的嘉頓中心由「住宅（甲類）7」改建為「商店及服務行業、食肆、辦公室及學校」，提供25層高的大樓，包括3層地庫，總地盤面積為1148平方米。嘉頓有限公司表示，重建後的大樓會提供餐廳或咖啡室、與烹飪有關的培訓課程和辦公室，11至20樓的樓層將會出租。歷史建築物面對香港今天的發展，好像只有推倒重建這一條不歸路，除非能夠躍身為法定古蹟，才能逃過推土機碾碎的命運。這點確實叫人唏噓。

其實，嘉頓中心可謂見證經歷不少香港的歷史大事。嘉頓公司的麵包生意始於1926年，最早期的廠房設於荔枝角道和鴨寮街。1937年抗日戰爭期間，嘉頓工廠曾經連續7天24小時不停趕工，為抗戰軍人提供20萬磅勞軍餅乾；餅乾以鹹餅製法焗成，含豐富維他命B，此事令嘉頓聲名大噪。其後，工場正式

遷往青山道現址，面積擴展至 15000 呎，並再為港英政府製造大量保存期較長的防空洞和軍用餅乾。

成為歷史見證社區聯繫

直至 1941 年冬天，日軍進佔廠房，廠內原料和製成品被搜掠一空，機器不少遭到破壞，令生產線停頓；直至二戰結束後，嘉頓才領回廠房重新投入生產，並於上世紀五十年代起為海陸空軍供應麵包和餅乾，令生意蒸蒸日上；故此，嘉頓於六十周年出版的特刊亦特別鳴謝港英三軍總部。可惜，到雙十九龍暴動期間，廠房遭到破壞，最後於 1958 年擴建至今的面貌。

到上世紀六十年代，嘉頓開始生產「生命麵包」，並在當中加入維他命、鈣質和鐵質，為基層大眾提供豐富營養的食物，見證了廠房在香港近代史的足印。要說嘉頓「生命麵包」為基層大眾提供豐富營養的食物，在食物的聯繫之外，嘉頓中心也是聯繫著鄰近的深水埗區。

登山客位處喃嘸山上，亦可清楚看見嘉頓中心的嘉頓標誌，故把喃嘸山暱稱「嘉頓山」。深水埗區的街坊大多居於該區數十年，不少是石硤尾大火後原區安置，街坊每天看到嘉頓中心的鐘樓和嘉頓標誌，已經把它們融入到日常生活，與嘉頓標誌「撞

面」已是每天生活的一部分，屬於街坊成長及每天生活不可或缺的部分，漸漸形成一種共同回憶，不知不覺間產生凝聚力，建立了強烈的社區聯繫作用。

嘉頓中心可說是深水埗的地標，屹立現址至今超過八十年，於上世紀五十年代擴建為7層高建築物，而擴建後的嘉頓中心更屬於戰後建築的代表作。這座建築物的建築師便是上世紀初以「庚子賠款」留學美國賓夕法尼亞大學建築系，取得碩士學位的中國建築師學會創立人之一，以及中國的第一代建築師朱彬。

朱先生的設計遍及中港台三地，包括天津、瀋陽、北京、上海、重慶、台灣和香港。

朱先生一直大力推動把中華傳統建築藝術推向現代化，吸收西方建築技術後，在華人世界設計出各項摩登建築；嘉頓中心便是這種「西學東漸」建築風格，媲美歐美摩登建築的代表例子之一。可見嘉頓中心當中經歷香港重要的歷史事件，以及當中的角色，聯繫著社區之間的關係，更是活生生呈現中國的現代建築和建築史。

若嘉頓要把這座充滿歷史意義和地區情懷的建築物推倒重建，實在十分可惜。筆者建議更應嘗試進行改建，把它與其歷史作出扣連，並呈現在大家眼前。

設香港食物歷史博物館

建議如何改建之前，筆者希望先介紹南韓的「泡菜博物館」，其每年約有 10 萬人次前往參觀，其中 50% 為南韓各級學校的參觀團體，透過加強對南韓泡菜的理解，建立對國家文化的驕傲。

筆者認為政府應介入嘉頓中心的改建，可以設立一個與香港食物歷史博物館，館中分為固定主題的展館及定期主題的展館。固定主題的展館分為嘉頓的食物演變和中國現代建築與嘉頓中心，而前者訴說出嘉頓生產食品與香港重大歷史的關係，以及城市發展與食物種類的關連；後者則是講述朱彬先生的生平，以及他曾設計的中國現代建築的模型。定期主題展館，則是定期展出不同香港本土食品的由來及食肆發展，讓香港人更認識關於本土食品與社會發展的關係。筆者相信透過改

博物館（Museum）

博物館是指收藏、保存、研究及展示一地重要文物的文化機構，涵蓋人類文明不同的知識領域。隨著六、七十年代博物館學與地區文化保育的發展，全球不少地方發展出以社區議題、社群需要為主導的社區博物館。這類博物館扎根於社區，旨在收集街坊的日常用品，又以口述歷史訪談保存他們的生活經歷，藉此帶動眾人自發參與區內事務。

建，注入這些食物與歷史活化嘉頓中心，並由政府資助各級學校舉辦參觀團，提升學生對香港文化的了解與認同，就如韓國政府透過漢城「泡菜博物館」的功能。

把「底氣」接上「地氣」：棚仔奪澳洲 Wendy Sarkissian Award 的啟示

原刊於《信報》A17 文化論政專欄，刊登日期：2017-11-13。

梁志遠

新任特首林鄭月娥在今年《施政報告》中表示：「我們會積極探索如何讓年青設計師充分利用深水埗區這個傳統的服裝布藝基地，創造新的協同效應，既可帶動本土經濟，豐富地區的旅遊資源，又可幫助香港的時裝設計發展更上一層樓。」

各界人士聲援

我們對這位鍾情國家「底氣」的新特首從來沒有太大期望，但也不禁失望地懷疑，我們是否真的生活在平行時空當中？為什麼她的建議竟全然接不上「地氣」？

自 2015 年 10 月開始，繼 2006 年的首次逼遷後，食環署一度藉

詞要「見縫插針」式興建 200 個居屋單位，立即收回深水埗欽州街臨時小販區（俗稱棚仔）借用的土地，遷走當地經營逾 38 載的 50 多個布販，包括持牌牌主及相關助手。

逼遷引發不同背景的社會人士紛紛作出聲援，包括學生、設計師、設計學生、布藝手作人、Cosplayer、社工、規劃師、電影從業員、車衣女工、家庭主婦、南亞婦女、露宿者關注團體、社區組織及各級議員等等，他們組織起義工及商販的關注組，一方面進行請願、談判、記者會和遊行等強硬的社會行動；另一方面又組織起軟性的導賞團、墟市、展覽、電影放映及製作自家布藝精品等。

社會創新（Social Innovation）

來自工商管理學對於企業社會責任的思考，強調借助新技術與管理學新思維，就特定社會問題或需求，促成政府、商界與非牟利組織之間的對話，從而提出更有成效、更符合社會公義或永續發展的解決方法。其創新之處在於打破政府、商界與非牟利組織的處事規限；善用社會又或社群本身的資源，發展出不求個人利益，以社群福祉為依歸的運作方式。

更突破的是，他們在義工協助下，進行多輪的社區規劃，制訂顧及露宿社群需要的橋底安置方案，成立保育文化的「棚仔故事館」，以及發表社會創新的「深水埗社區布藝中心」社企方案。

短短兩年間，他們匯聚起壯大的民間力量，一方面反對無理遷拆棚仔，另一方面反建議創新的解決方案。身為

參與其中的一份子，個人不得不佩服年邁小販的不屈勇氣，以及不得不讚賞全體義工那永不言休的拚搏參與。

或者由於這份堅持的勇氣，今年 9 月 13 日，棚仔義工及小販的努力，最終獲得第一屆澳洲的 Wendy Sarkissian Award，亦是大會唯一的獎項。這個獎項是由資深社區規劃師 Wendy Sarkissian 發起的全球社區參與獎勵計劃，旨在鼓勵各地具備勇氣實踐理想的社區參與計劃。

Wendy Sarkissian 具備文學、社區規劃及環境倫理的訓練，桃李滿門，發表過多本有關獲獎的社區規劃著作，由學術理論到實用手冊都有。棚仔義工與小販的 5 名代表，當天遠赴澳洲墨爾本的大會現場接受頒獎。棚仔眾人把不可能變為可能的努力，得到大會及參與嘉賓的一致激賞。

Wendy Sarkissian 計劃 11 月造訪香港，親身探望棚仔的勇氣小販。事實上，全球的民間社會都十分著重民間自發的社區參與計劃，不少社會創新正是來自這種由下而上的活力想像，分別只是當權者的取態和重視程度罷了。

話說回來，特區政府在這兩年間一直對這種種民間社會的力量和專業團體的訴求，採取不聞不問的態度，一直拖延下去，從

沒確切的回應和跟進，即使換了新政府也無寸進。

在這種官僚僵化的體制下，奢言重視設計產業，無疑自相矛盾又自暴其短。如果香港真的有發展創意設計的傳統和潛質，這肯定不是來自幾位少數精心培育的設計精英，而是來自社會平民百姓的「拚搏精神」。

棚仔義工與小販反映的，正是這種不妥協、不認輸的精神。我們就是有能力轉化無理拆遷的危機為社會創新的契機。

如果林太真的重視發展深水埗的時裝產業，懇請她可以親身到訪棚仔，緊接地氣將之納入為時裝產業的下游出路，共同「創造新的協同效應」。

似「南機拌飯」

類似棚仔的社區營造計劃，其實更早是源自台灣。隨著 1994 年後民進黨的上台，台灣社區總體營造運動方興未艾，著重的正是發掘口述歷史、社區故事，甚至抗爭經驗，建立另類的社區身份及在地空間。

筆者曾造訪的「南機拌飯」就是近年經常受到品評的一個例子。

根據網站資料及創辦人之一李仲庭的說法，台北南機場社區附近的「南機拌飯」是「地下社造勞動合作社」活化經營的空間，一個社區共享經濟的實驗基地。

它同時是老社區的神祕地下室，經營社群基地與協力社區發展，實驗社區廚房與在地市集及再生舊物與剩食，分享勞動與理念。共駐合作的單位／計劃還有人生百味石頭湯、綠點點工具分享、夢想城鄉木工班及芒草心起家工作室。

「南機拌飯」與棚仔相似的是，他們都善用歷史遺留下來的社區空間，營造社區，注入嶄新的發展理念，去聯結社群及創新價值。

最後，布販們不單以自己的力量營造起自己的社區空間，更在面對都市發展的霸權體制下，展示出不凡的抗爭勇氣。棚仔今次能脫穎而出，勇奪 Wendy Sarkissian Award 這個國際獎項，可說是實至名歸，其意義要比蟬聯「全球最自由經濟貿易」來得重大，也比抱擁「全球最貧富懸殊城市」來得光采。

惟有重視棚仔這種歷時四十載的布藝典堂，深水埗的時裝設計業才會有本土文化歷史傳承作為底氣，可以面向全球，作出在地發展。

從教育角度
看青山龍窯

原刊於《信報》A16 文化論政專欄，
刊登日期：2018-04-09。

唐 嘉 汶

位於屯門的青山陶窯，近來因為可能受到附近的建屋計劃影響
而引起社會關注。

這次社會大眾對龍窯的迅速關注，反映香港市民對保育本土歷
史建築物的重視。大家都不希望見到龍窯因為附近的建屋計劃
而遭到遷拆，或結構受到影響；在一天內收到近 2000 名市民聯
署支持完整在地保留龍窯的訴求。

龍窯具特殊歷史地位

青山陶窯長約 30 米至 40 米，依山而建，故此又稱作龍窯。港
人較為熟悉的陶窯，有位於大埔的碗窯和坪洲的灰窯。

青山陶窯作為香港唯一現存而完整的龍窯，於 2014 年由古物古
蹟辦事處評定為三級歷史建築，確認了它的特殊歷史地位。

青山龍窯。

龍窯的重要性，除了作為一個香港文化歷史的地標，也可延伸出「另類」教育的可能性。以廣東石灣陶窯作為藍本，龍窯建於上世紀四十年代，生產時期為五十年代至八十年代，是橫跨屯門作為新市鎮之前和初期的本地輕工業。屯門作為新市鎮之前，因為交通不便，主要的經濟生產活動以農業為主，少數工業生產包括粉絲廠、磚廠、船排和曬鹽，龍窯的陶瓷出產也是其中之一。

從理解一個社會歷史文化和經濟發展的角度出發，龍窯正可以作為一個實物見證。每一個建築物或物件，都承載著當時社會的物質和象徵空間，能夠反映該時代的資源、技術、價值、習慣和各種生活面貌，作為社會印記，與歷史資料互補不足。例

如，龍窯當時的出產包括關公神像、蟋蟀盤、錢罌、五加皮酒瓶、鴉片煙碟、點油燈碟和各種日常炊具，每一件器物都能帶出一段當時社會的生活經歷（lived experience）和文化面貌。

技工手藝源自廣東石灣

陶瓷的製作和生產，包含各種跨學科的知識和技能，泥土的種類、製作的工序和技藝、釉藥的成分、燒窯的技

巧、製成品的銷售途徑和地域，當中包含對土質、化學、藝術、工藝、經濟、地理和文化的各種知識學問，是作為跨學科學習（interdisciplinary learning）的上佳材料。

此外，龍窯的建築風格和技工手藝，皆源自廣東石灣，故此也可以作為理解香港早期發展，與中國傳統文化手藝製作傳承的關聯。

我曾到訪本地一所國際學校，當中有一台小型貨車大小的廚餘分解機器，老師和學生一起收集飯堂的廚餘，一同嘗試不同的廚餘分解物料和方法，仔細收集數據和分析，分解後的化肥用作天台種植。整個過程包含對剩食的關注，以科學的態度進行化學實驗，以及有機種植的實踐。當中除了有跨學科的學習，更重要的是把學習與生活扣連起來，令學習變得實在和有趣。

香港的大部分學校都未必有這樣的空間或資源，但我們的社區有各種能夠提供這種跨學科學習經歷（experiential learning）的地方，青山陶窯正正具備這樣的潛質和條件，能夠讓學生走出課室，走進社區，將學習與生活連結。

保育價值重新得到關注

其實早於八十年代，龍窰及附近範圍曾被規劃成低密度及社區
用途，當年的龍窰保育計劃範圍，包括現在的扶康會柔莊之
家，以及已搬遷的培愛學校原址，可見當局早已察覺龍窰的保
育價值。

後來因著各種不明原因，龍窰的保育計劃沒有繼續進行，直至
最近因為毗鄰的高密度建屋計劃，而讓龍窰的存亡和保育價值
重新得到關注。龍窰無論在歷史文化、藝術、教育和社區連結
方面都有各種可能性和潛在性，只要在地保護龍窰並留有空間，
一切都有可能發生。

附錄
索引及延伸閱讀 （按書中出現順序）

005
古蹟保育政策（**Heritage Preservation Policy**）
Wells, Jeremy C. and Lixinski, L. (2016). "Heritage Values and Legal Rules: Identification and Treatment of the Historic Environment via an Adaptive Regulatory Framework: Part 1", *Journal of Cultural Heritage Management and Sustainable Development*, 6(3), 345–364.
Barber, L. (2014). "(Re)Making Heritage Policy in Hong Kong: A Relational Politics of Global Knowledge and Local Innovation", *Urban Studies*, 51(6), 1179-1195.

010
全球本土（**Glocalisation**）
Robertson, R. (1995). "Glocalization: Time-Space and Homogeneity-Heterogeneity", In Robertson Roland (ed.), *Global Modernities* (London: Sage), 25-44.
Salazar, N. B. (2010). "The Glocalisation of Heritage through Tourism: Balancing Standardisation and Differentiation", In Sophia Labadi and Colin Long. *Heritage and Globalisation* (London: Routledge), 130-147.

012
古蹟保育 —— 維護（**Conservation**）
Scott, David A. (2015). "Conservation and Authenticity: Interactions and Enquiries". *Studies in Conservation*, 60(5), 291-305.

012
古蹟保育 —— 修復（**Restoration**）
Ahmer, C. (2020). "Riegl's 'Modern Cult of Monuments' as a Theory Underpinning Practical Conservation and Restoration Work". *Journal of Architectural Conservation*, 26(2), 150-165.

020
活化歷史建築伙伴計劃
Tam, V., Fung, I., and Sing, M. (2016). "Adaptive Reuse in Sustainable Development: An Empirical Study of a Lui Seng Chun Building in Hong Kong", *Renewable & Sustainable Energy Reviews*, 65, 635-642.

026
地方營造（Place-making）
鄭炳鴻（2015）。《共構、共建、共享：從啟德發展看公民社區的營造》。香港：香港中文大學出版社。
陳介英（2015）。〈社區營造與文化資源的創造〉。《庶民文化研究》12 期，頁 144-174。

030
懷舊（Nostalgia）
馬傑偉（1999）。《香港記憶》。香港：次文化堂出版社。
馬國明（1998）。〈懷舊之盲點〉。載《路邊政治經濟學》（頁 111-116）。香港：圖書公司。

031
本土主義（Localism）
鄭宇碩編著（2017）。《探討本土主義》。香港：香港城市大學出版社。
Featherstone, M. (1995). "Localism, Globalism and Cultural Identity." In *Undoing Culture: Globalization, Postmodernism and Identity* (pp.102-125). London: Sage Publications,.

037
文化景觀（Cultural Landscape）
Cleer, H. (1995). "The Evaluation of Cultural Landscapes: The Role of ICOMOS." In B. Droste, H. Plachter and M. Rössler (eds.). *Cultural Landscapes of Universal Value: Components of a Global Strategy* (pp.50-59). Stuttgart and New York: Gustav Fischer Verlag.

041
傳統手工業（Traditional Craft）
Oberholtzer, C. (1995). "The Re-Invention of Tradition and the Marketing of Cultural Values". *Anthropologica*, 37(2), 141-153.

045
非物質文化遺產（Intangible Cultural Heritage）
Bortolotto, C. (2017). "Placing Intangible Cultural Heritage, Owning a Tradition, Affirming Sovereignty, the Role of Spatiality in the Practice of the 2003 Convention", In M.Stefano and P.Davis.(eds.). *The Routledge Companion to Intangible Cultural Heritage* (pp.46-58). Oxon and New York: Routledge.

059
文化公民權（Cultural Citizenship）
Morris, L. (2012). "Citizenship and Human Rights: Ideals and Actualities". *The British Journal of Sociology*, 63(1), 39-46.
王俐容（2006）。〈文化公民權的建構：文化政策的發展與公民權的落實〉。《公共行政學報》，20 期，頁 129-159。

062
社區經濟（Community-based Economy）
廖淑娟、蕭至邦（2016）。〈推動社區產業發展策略之探討 — 以霧峰區舊正社區為例〉。《社區發展季刊》，154 期，頁 171-182。

063
遊客眼光（Tourist Gaze）
Urry, J. (1990). *The Tourist Gaze: Leisure and Travel in Contemporary Societies*. London: Sage Publication.
Chu, Cecilia L. (2015). "Spectacular Macau: Visioning Futures for a World Heritage City." *Geoforum* 65, 440-450.

066
街道文化（Street Culture）
Jacob, J. (1961). "The Peculiar Nature of Cities", In *The Life and Death of Great American Cities* (pp.29-142). New York: Vintage Books.

073
集體回憶／共同回憶（**Collective Memory**）
Russell, N. (2006). "Collective Memory before and after Halbwachs", *The French Review*, 79(4), 792-804.

074
博物館（**Museum**）
羅欣怡（1998）。〈博物館與社區發展 — 兼論美國二座社區博物館〉。《博物館學季刊》12(4)，頁 89-103。
Ruffins, F. D. (2022). "Grassroots Museums and the Changing Landscape of the Public Humanities." *Daedalus* (Cambridge, Mass.) 151.3, 108-123.

077
社會創新（**Social Innovation**）
Phills, J.A., Deiglmeier, K. & Miller, D.T. (2008). "Rediscovering Social Innovation", *Stanford Social Innovation Review*, vol.6, 34-43.
Moulaert, F. (2010). "Social innovation and community development: Concepts, theories and challenges". In F. Moulaert, F. Martinelli, E. Swyngedouw and S. Gonzalez (Eds.) *Can Neighbourhoods Save the City? Community development and social innovation.* (pp.1-18). New York: Routledge.

083
象徵空間（**Symbolic Space**）
夏鑄九（2016）。《異質地方之營造》。台北：唐山出版社。
Lynch, K. (1964). *The Image of the City*. Cambridge Massachusetts: MIT. Press.

作者簡介 （按書中出現順序）

梁偉詩

文化評論人，曾發表 500 多篇評論文章，涵蓋香港流行文化、香港劇場、視覺藝術等。2015年獲「亞洲文化協會獎助金」，赴紐約考察當地另類表演藝術空間；並於 2019 年獲香港藝術發展局資助前赴多個歐洲藝術節進行考研。

袁智仁（原人）

活在觀塘及全民保育行動創辦人，曾任大學講師，教授古蹟保育。自 2006 年起舉辦社區活動，協助觀塘重建街坊，參與同德大押等保育。現研究本地村落，編寫村史，出版《谷報》，文章見於不同報章及媒體。

李浩暉

出生及成長於香港。學士及哲學碩士畢業於香港中文大學政治與行政學系。研究興趣包括香港冷戰時期歷史、城市永續發展等。現為香港大學政治與公共行政學系博士生，攻讀政治經濟學。

呂文珊

字活創辦人之一。（字活為香港活版印刷承傳組織，現已結束營運，所有活字、活版印刷工具及考察成果等已轉交香港版畫工作室繼續相關工作。）現為文化藝術教育工作者。

徐卓華

香港註冊建築師。關注本地城市規劃及重建議題，歷史建築保育。近年參與本地項目包括第六代山頂纜車及車站擴建計劃、雷生春、中環街市、皇都戲院等保育活化項目。

王億峰（蚯蚓仔）

本名王億峰。讀書時曾短暫耕作，現為紀錄片工作者。

丁穎茵

獨立策展人及研究員，多與大學及藝術機構合作進行策展項目，以創意形式發掘本土歷史文化的多元論述。曾參與的藝術項目，包括「藝評人在油街」(2018)、《20/20香港版畫圖像藝術展》(2020)及「極目足下：想‧見香港風光」(2022)等。

林芷筠

香港城市規劃師，於私人規劃顧問公司工作；同時亦是本土研究社創會會員，參與有關香港城市規劃、土地、房屋等議題的民間研究。

蕭超杰

嶺南文化研究碩士畢業，香港都會大學「自在人生自學計劃」教授香港文化相關學科。喜歡旅行，堅持走路及乘搭公共交通工具，藉此了解不同地區的街道及社區文化，並反思香港的文化保育政策，如何與日常生活及潮流從新結連。

梁志遠

香港理工大學應用社會科學系專任導師，任教社區工作及服務學習科目，研究及著作主要有關社區營造、小販墟市、貧窮、可持續發展及社會運動等。

唐嘉汶

香港龍窯關注組副主席。大學時主修社會學，迷上性別論述和文化研究，研究院時探索香港tomboy中學生的生活和副學士學生的日常困惑。現於香港大學社會學系，任教包括教育社會學、文化與身份、動物與社會等科目。

【文化論政叢書 I】 保育不在山旮旯

編　著　　丁穎茵 @ 文化論政編輯委員會
執行編輯　　謝采善
裝幀設計　　石俊言

出　版　　**dirty press｜CLEAN PRESS**　　🅵 dirtypress.hk
地　址　　Flat f, 25/F., Tower 16, Hoi Tsui Mans., Riviera Gdns.,
　　　　　　Tsuen Wan, NT, HONG KONG
電　郵　　dirtypress@gmail.com
網　址　　www.dirtypress.net

香港發行　　**一代匯集 Generation Collection**
地　址　　香港九龍旺角塘尾道 64 號龍駒企業大廈 10 樓 B & D 室
臺灣發行　　**正港資訊文化事業有限公司**
地　址　　臺北市大安區羅斯福路 3 段 333 巷 9 號

承　印　　新世紀印刷實業有限公司
國際書號　　978 - 988 - 76681 - 1 - 4
　　　　　　2023 年 5 月初版

圖書分類　　（1）文化評論　（2）古蹟保育　（3）香港研究